EL CAMINO DE LA DIOSA GUERRERA

HeatherAsh Amara

EL CAMINO DE LA DIOSA GUERRERA

Un programa práctico para convertirte

en la mujer que quieres ser

URANO

Argentina – Chile – Colombia – España

Estados Unidos – México – Perú – Uruguay – Venezuela

Título original: *The Warrior Goddess Way*
Editor original: Hierophant Publishing, San Antonio, Texas
Traducción: Núria Martí Pérez

1.ª edición Enero 2018

ISBN: 978-84-16720-14-9
E-ISBN: 978-84-17180-26-3
Depósito legal: B-27.670-2017

Fotocomposición: Ediciones Urano, S.A.U.

Impreso por: Rodesa, S.A. – Polígono Industrial San Miguel – Parcelas E7-E8
31132 Villatuerta (Navarra)

Impreso en España – *Printed in Spain*

Para los antepasados,
las personas que vendrán y las ya encarnadas.

Nunca cambiarás las cosas luchando contra la realidad existente.
Para cambiar algo, tienes que crear un nuevo modelo que haga
que el anterior sea obsoleto.

R. Buckminster Fuller

Índice

Prólogo

El libro que sostienes en las manos es la continuación del anterior, *Tu Diosa Guerrera interior: conviértete en la mujer poderosa que llevas dentro*, un superventas en Estados Unidos. Aunque no es necesario que lo hayas leído, descubrirás que hacerlo es muy positivo, porque esta obra es más profunda y desarrolla parte de la información contenida en la primera. El poderoso Credo de la Diosa Guerrera de la página 19 resume cada una de las diez lecciones de *Tu Diosa Guerrera interior*.

Empecé a trabajar con grupos de mujeres en 1987 por casualidad. Después de pasarme un verano de lo más inspirador leyendo todos los libros que pudiera encontrar sobre espiritualidad y diosas en la biblioteca de la Universidad de California en el campus de Davis, mi mejor amiga, Autumn, y yo decidimos compartir el tema que con tanta pasión estábamos investigando. Esperábamos que se presentaran al menos unas diez mujeres a la charla de una hora que impartiríamos en el campus, y nos quedamos de piedra al ver aparecer sesenta féminas deseosas de aprender sobre una espiritualidad que honraba los ciclos de la naturaleza y la divinidad femenina.

«Yo me ocupo de treinta si tú te haces cargo de la otra mitad», me propuso Autumn. Asentí con la cabeza, sintiendo un nudo en la garganta del tamaño de un puño. Nunca antes había hablado ante un grupo tan numeroso y, francamente, las piernas me temblaban. Pero mientras compartía mi entusiasmo por la sabiduría de nuestras antepasadas me sentí inmensamente feliz. Al poco tiempo, las mujeres me suplicaban que les diera clases. Recuerdo que en el Experimental College de la Universidad de California en Davis cobré trece dólares por mi primer taller de ocho semanas. Desde entonces no he dejado de enseñar, y en la actualidad siento la misma pasión por compartir las herramientas más poderosas procedentes de distintas tradiciones del mundo que la primera vez.

De los numerosos maestros con los que tuve la suerte de estudiar, el mentor más influyente fue don Miguel Ruiz, autor de *Los cuatro acuerdos*. Gracias a su guía, amor y visión dejé de ser una joven insegura y que siempre me estaba juzgando a mí misma para convertirme, por fortuna, en la alegre y consagrada Diosa Guerrera de la actualidad que se quiere a sí misma. Las enseñanzas toltecas (los toltecas fueron los amerindios de la antigüedad que construyeron las pirámides de Teotihuacán, en México, dos milenios atrás) constituyen una parte fundamental del camino de la Diosa Guerrera, y estoy muy agradecida por formar parte de la visión de la familia Ruiz de compartir la sabiduría tolteca de una forma accesible, práctica y transformadora.

En *Tu Diosa Guerrera interior*, mi primer libro sobre la Diosa Guerrera, resumí la esencia de mis veinticinco años y pico de formación, viviendo, enseñando y sintetizando lo aprendido en diez lecciones para ayudar a las mujeres a encontrar su libertad interior. Cuando le entregué el manuscrito a mi editor, Randy Davila, le conté que mi sueño de *Tu Diosa Guerrera interior* era mucho más que un libro, era para mí un movimiento femenino planetario de la Diosa Guerrera inspirado para reclamar su libertad de expresión y su poder. La respuesta de Randy muestra por qué me encanta trabajar con él: «¡Pues hagámoslo!»

Pero lo que no sabíamos es que el movimiento crecería mucho más de lo que nos imaginábamos desde el primer día en el que se publicó *Tu Diosa Guerrera interior*.

El 4 de septiembre del 2014 lanzamos al mercado *Tu Diosa Guerrera interior* con una fiesta y una petición: les pedí a todas las personas que conocía que compraran el libro por Internet o en una librería local. Aquella noche *Tu Diosa Guerrera interior* se encaramó a la lista de los más vendidos de Amazon sobre chamanismo y diosas, algo que no es demasiado inusual cuando consigues que todos tus amigos compren tu libro el mismo día. Pero lo inaudito es que se mantuvo en el primer lugar en esas categorías día tras día, mes tras mes, año tras año. Y empezó a aparecer en otras listas de grandes ventas en librerías, bibliotecas y distribuidores mayoristas.

Y, de pronto, empecé a recibir correos electrónicos de mujeres de todas partes de Estados Unidos. «Acabo de leer *Tu Diosa Guerrera interior* y me gustaría crear un grupo de lectura y compartir este libro con mis amigas. Nunca he hecho algo así. ¿Me podrías sugerir alguna idea?» Y esta fue la razón por la que creé un manual para clubs de lectura de la Diosa Guerrera, y las diez lecciones del movimiento de la Diosa Guerrera se fueron propagando de salón en salón. Círculos de mujeres se reunían como habían hecho sus antepasadas de antaño, compartiendo sus vivencias, apoyándose e inspirándose unas a otras.

Más tarde creé el curso de entrenamiento para formar a las instructoras y empecé a enseñar a las mujeres a dar sus propias clases de Diosa Guerrera. Por eso, además de los clubs de lectura, en la actualidad hay mujeres formadas para compartir el mensaje de la Diosa Guerrera y aportar su singular toque de las enseñanzas a sus comunidades.

Se me humedecen los ojos cuando pienso en la gran cantidad de correos electrónicos muy personales que he recibido de mujeres que afrontaban grandes retos en su vida: divorcios, enfermedades crónicas, hijos con discapacidades, pérdida del trabajo o situaciones laborales difíciles, a veces todo a la vez. Correo tras correo, las mujeres me dan las gracias por el atisbo de esperanza que sintieron mientras leían *Tu Diosa Guerrera interior*, o por cómo el libro las indujo a actuar para ellas mismas por primera vez, o para perdonarse y empezar a escuchar de verdad y a satisfacer sus necesidades y deseos. Las mujeres que ya seguían un camino espiritual/curativo encontraron en *Tu Diosa Guerrera interior* unas herramientas transformadoras que los años de estudio y práctica no les habían ofrecido. En los talleres suelo oír a mujeres decir: «¡Es increíble lo apoyada, visible e inspirada que me siento por el grupo de mujeres al que me acabo de unir!» Aunque al principio no se conozcan, gracias al nuevo lenguaje que están creando con los principios de la Diosa Guerrera se convierten en una familia, en una tribu (¡y para transformarnos a nosotras mismas y al mundo, es necesaria una tribu de Diosas Guerreras!).

Tras presenciar la oleada curativa de *Tu Diosa Guerrera interior* y ver a mujeres seguir la llamada a la acción de la Diosa Guerrera —desprendiéndose de las capas antiguas de en quienes creen que deben convertirse para ser las mujeres que están destinadas a ser—, me siento incluso más motivada si cabe para apoyar la liberación interior de las mujeres. Mi pasión es ofrecer a las mujeres una guía práctica que las ayude a progresar paso a paso, y no solo una teoría intelectual o unas palabras reconfortantes. No basta con imaginarnos en qué nos gustaría cambiar y con ver citas e imágenes inspiradoras en Facebook. Para hacer un cambio es necesario actuar. Y para actuar y hacer un cambio hay que dejar de intentar «cambiar» juzgándonos, comparándonos, sintiendo miedo, acusándonos o machacándonos a nosotras mismas.

No estamos rotas por dentro, desvalidas, ni somos un caso perdido. En el interior de cada una, sean cuales sean las circunstancias de nuestra vida, hay una chispa sagrada que está deseando surgir y ser avivada de nuevo para convertirse en una llama constante, ardiente y viva. Hay una sabiduría ancestral que llevamos en la médula de los huesos y en la estructura misma de nuestro ADN, que está deseando resurgir y despertar. Es hora de dejar de intentar ser perfectas, de buscar fuera las respuestas y de esperar que algo o alguien nos salve, cure o transforme. Es hora de soltar la carga de ocuparnos de los demás poniéndonos siempre en último lugar, de dejar de ser nuestra peor enemiga, de alcanzar los sueños que dejamos de lado.

Es hora de continuar la revolución interior.

Diosa Guerrera, te ofrezco mi mano para que dejemos atrás juntas las antiguas capas de heridas emocionales, humillación, estancamiento y autocensura.

Bienvenida a la tribu de la Diosa Guerrera.

Credo de la Diosa Guerrera

Este credo procede de las diez lecciones que aparecen en *Tu Diosa Guerrera interior*. A medida que te adentres en el reino de *El camino de la Diosa Guerrera*, te invito a leer en voz alta el Credo de la Diosa Guerrera como la expresión exterior de tu promesa interior de ser tú misma.

Prometo personificar plenamente mi Diosa Guerrera interior. De ahora en adelante, haré todo lo posible por:

Amar a todo mi ser

Apreciar los comienzos y los finales

Honrar mi cuerpo y mi mente como un templo

Estar centrada y presente en la vida

Cultivar mis pasiones y mi creatividad

Aceptar mi fuerza y mi vulnerabilidad

Abrir mi corazón a toda la vida

Expresar mis verdades más profundas

Escuchar la sabiduría interior

Reclamar mi singular camino

Y recorrer el camino de la Diosa Guerrera

Introducción

Como descubrirás en las páginas siguientes, el camino de la Diosa Guerrera no te lleva a amarte, iluminarte o ser feliz al instante (aunque todo esto te puede ocurrir de inmediato). Ni tampoco es un método para encontrar por fin la pareja de tus sueños, tener el trabajo perfecto o ser un dechado de salud y vitalidad (aunque todo esto también te puede ocurrir).

El camino de la Diosa Guerrera consiste en estar presente, dar pequeños pasos y ponerlo en práctica. Es una ruta para reclamar todo lo que es tuyo: tus peores miedos y tus dones más extraordinarios. El camino de la Diosa Guerrera te invita a llevar tu compasión, amor y humor a todo tu ser mientras avanzas para convertirte en la mujer que estás destinada a ser. Consiste en desprenderte, en lo más íntimo de ti, de cómo has sido educada como mujer, de sacar los antiguos cimientos de cuajo para reemplazarlos, ladrillo a ladrillo, por una estructura nueva más sólida y resiliente.

Muchas mujeres hemos construido nuestra vida sobre cimientos hechos de los inseguros bloques de la autocensura, de las comparaciones, de cuidar de los demás y de anteponer las necesidades ajenas a las nuestras. Estos cimientos agrietados no nos permiten dedicarnos a ser las mujeres apaciblemente gozosas y tremendamente creativas que somos en el fondo. En su lugar vivimos todo el tiempo con la sensación de inestabilidad (ya sea susurrada o expresada a gritos), de no estar a la altura de la situación, de ser incapaces de actuar como es «debido», y con la constante necesidad de caerle bien a todo el mundo y de ser aceptadas.

El camino de la Diosa Guerrera consiste en cambiar este paradigma.

Al poco tiempo de publicarse *Tu Diosa Guerrera interior*, empecé a dirigir reuniones de Fin de Semana dedicadas a la Sabiduría de la Diosa Guerrera para profundizar las enseñanzas y ayudar a las mujeres de todas partes del mundo a conectar unas con otras en persona. Las mujeres que acudían a estas reuniones estaban deseando comunicarse, pues muchas no habían podido compartir ciertos aspectos de sí mismas con los suyos. Anhelaban el poder curativo de la comunidad, y las reuniones de Fin de Semana dedicadas a la Sabiduría de la Diosa Guerrera estaban concebidas para ofrecerles exactamente esto.

Muchas mujeres a las que había asesorado se sentían aisladas y solas, no disponían del apoyo, el consuelo y el aliento de otras (incluso en un mundo donde estamos más «conectados» que nunca). Y también me gustaría señalar que este es un fenómeno relativamente moderno. En las culturas antiguas tribales, las mujeres trabajaban codo con codo, cantando, charlando y rezando. Moler maíz, buscar raíces hurgando en la tierra y confeccionar ropa no se consideraban actividades individuales; su labor era una reunión comunal y un motivo de celebración y conexión. Aunque el trabajo fuera duro a veces y a menudo repetitivo, las abuelas de nuestras abuelas sabían que formaban parte de un conjunto mayor que alimentaba a todo el mundo. Por eso trabajaban con alegría, apoyándose mutuamente y con una gran sensación de pertenencia.

Mientras lees *El camino de la Diosa Guerrera*, te invito a considerarte parte de una tribu mundial de mujeres trabajando juntas para curar las antiguas heridas colectivas de lo femenino. No estás haciendo este trabajo interior solo por ti, sino por todas las mujeres. Y por todos los hijos, estén vivos o por nacer. Y también por todos los hombres, con el fin de inspirarlos, apoyarlos e insistirles con amor para que hagan su trabajo interior. Y por el planeta, nuestra Madre, que necesita que sus hijas estén unidas y con la cabeza clara. Lo cierto es que al curarnos a nosotras mismas, curamos al mundo.

Te invito a soltar las cargas de intentar solucionar los problemas ajenos y a dejar de distraerte con las comparaciones y con no parar de juzgarte a ti misma. Te invito a mostrarte tal como eres, por ti, sabiendo que estás presente en cada mujer del planeta. La devoción que sientes por tu camino es, en esencia, tu devoción a todo lo que amas. Hazte esta promesa y, mientras la adquieres, siente la red de tus hermanas Diosas Guerreras trabajando a tu lado por un bien común. Siente tu fuerza de voluntad, valentía, tenacidad y fortaleza interior. Has llegado hasta este punto de tu vida; sigamos recorriendo juntas el camino de la transformación.

Y no olvides que todo está confabulándose para ayudarte a reclamar la mujer que estás destinada a ser. Lo que sueles etiquetar como obstáculos en tu vida son en realidad pasajes para descubrir verdades más profundas sobre ti, porque las situaciones imprevistas o indeseadas de tu vida son las que te muestran la reserva inmensa de fortaleza que reside en el fondo de tu ser. Ojalá las palabras de este libro te inspiren a hacerte preguntas de calado y a escuchar atentamente las respuestas, y te permitan emprender nuevas acciones para recuperar tu esencia gozosa, creativa y divina.

En cuanto a mí, antes de hacer este trabajo interior me podrían describir fácilmente como alguien que me juzgaba a mí misma a más no poder. Siempre estaba preocupada por lo que los demás pensarían de mí y, encima, quería ser perfecta en cualquier parcela de mi vida. Como te imaginarás, esta no era la fórmula para sentirme satisfecha y feliz en la vida.

Y por si esto fuera poco, en lugar de prestarle atención a mi mente y cuestionar esos pensamientos que me limitaban, les daba alas, como una niña que ha comido demasiado azúcar. En vez de intentar conocer quién era yo de verdad, me quejaba de lo que no era. En vez de vivir en mi cuerpo, cavilaba sobre él y sobre por qué no era lo bastante alta, lo bastante baja, lo bastante delgada o cualquier otro «bastante» que ese día en especial me adjudicara.

Por suerte, ahora mi vida no es así para nada. Después de aplicar las diez lecciones de *Tu Diosa Guerrera interior* en mi vida, descubrí tres principios adicionales que me han llevado más si cabe al camino de la libertad interior: la Sabiduría, la Autenticidad y los «¡Síes!» Son los tres principios que me han ayudado a convertirme en la mujer que soy en la actualidad, y constituyen la base del camino de la Diosa Guerrera. Como verás en las páginas siguientes, la vida es en gran parte como la típica cebolla: siempre hay capas más translúcidas y profundas que pelar.

La buena noticia es que, al aplicar estas tres herramientas en mi vida, la mayor parte del tiempo me llevo una grata sorpresa, sé con claridad quién soy y lo que quiero, y en realidad disfruto cometiendo errores y aprendiendo de ellos. He dicho «la mayor parte del tiempo» porque aún hay momentos en los que me vengo abajo y lo veo todo negro, cuando dejo que el miedo y las dudas me asalten o me preocupo por lo que la gente piense de mí. Pero te aseguro que son solo *momentos,* y no días o temporadas, y comparado con cómo era yo antes esos momentos son muy inusuales.

Las verdades que destaco en este libro, las que acabaron convirtiéndose en el camino de la Diosa Guerrera, no provienen de una súbita epifanía, sino más bien de un proceso que se ha ido dando a lo largo de veinticinco años. En mi vida no ocurrió ninguna catástrofe, ni una experiencia cercana a la muerte, ni seres de otras galaxias expresándose a través de mí para revelar la sabiduría del reino del espíritu, ni tampoco me cayó un rayo encima. Al mirar atrás, me doy cuenta de que mi Diosa Guerrera interior se ha ido manifestando a borbotones poco a poco, como un manantial que va saliendo a la superficie en cuanto ha caído un buen aguacero, después de una larga temporada de sequía.

También me doy cuenta de que el potencial para despertar siempre ha estado ahí. La guía excelente de muchos queridos maestros y amigos y de algunos ángeles custodios sobrecargados de trabajo, junto con mi insaciable tesón, han sentado las bases para que se abriera una flor tras otra en un paisaje yermo con la tierra agrietada por la sequía. En la actualidad, puedo afirmar sinceramente que mi camino espiritual discurre por todas las parcelas de mi vida y las impregna. Limpiar el suelo del cuarto de baño y estar en comunión con Dios es lo mismo. La gente a veces se maravilla de lo fácilmente que paso de lavar los platos a enseñar, salir con los amigos o hacer la declaración de la renta. Y es porque, desde el punto de vista de la Diosa Guerrera, puedes conectar con lo Divino con cualquier actividad. Sí, incluso haciendo la declaración de la renta.

A decir verdad, me entusiasma cuando llega el momento de hacer la declaración de la renta. Y cuando voy al dentista. Y cuando debo responder un correo delicado. No soy una masoquista, solo me encanta disfrutar de todo cuanto hago y estar presente al cien por cien en la vida. Y cuando no disfruto con algo, lo advierto y siento curiosidad por saber la razón. ¿Cómo puedo estar más presente? ¿Qué necesito hacer para cambiar de chip? Algunas veces consigo que la actividad me guste al instante, y otras me lleva varios años. Pero está bien.

Y lo mejor de todo es que no soy distinta a ti. Tú también PUEDES disfrutar de todo. Tu potencial para vivir la vida con alegría, en lugar de moverte por ella arrastrando los pies, está esperando a que lo manifiestes. Tanto da lo horrible que fuera tu infancia, el daño que tu expareja te haya hecho o incluso lo desgraciada que creas ser ahora en tu vida. Tu Diosa Guerrera interior está esperando, pacientemente, a que la liberes de tu tiranía interior.

Solo tienes que volver al hogar... que hay en ti.

Este es el camino de la Diosa Guerrera, y es en realidad el menos transitado. *El camino de la Diosa Guerrera* es una hoja de ruta para volver a casa. Plenamente. A mi modo de ver, la transformación es la siguiente: en nuestra antigua forma de ser, cada una tenemos un cuerpo físico, pero vivimos fuera de él, ensimismadas en la imagen de perfección que hay en nuestra cabeza. Estamos intentando constantemente ser esa mujer «perfecta» que creemos que debemos ser para ver lo que no estamos haciendo bien, cuándo no estamos a la altura de las circunstancias o en qué momento deberíamos haber dicho o hecho algo distinto. En lugar de vivir desde el centro de nuestro ser, nos comparamos sin cesar con esta ilusión.

En la nueva forma de ser llevamos toda nuestra compasión, sabiduría, presencia y alegría al aquí y el ahora. Volvemos a casa. Aprendemos a ver el mundo con nuestros propios ojos, a sentir con todos los sentidos y a vivir el momento presente tal como somos. Volver a nuestro hogar interior nos permite recuperar el poder de curar y transformar. Primero nos curamos y transformamos a nosotras mismas, y luego, como una espiral ensanchándose, hacemos lo mismo con las personas de nuestro entorno.

La *Sabiduría* surge de manera natural cuando aprendemos a escuchar. Me refiero no a las voces en tu cabeza, sino a las de tus células. No a la voz de tu jueza interior, sino a la de tu discernimiento natural. No a la de tu mente catastrofista, sino a la de tu conocimiento creativo interior. Todo cuando necesitas está dentro de ti. El camino de la Diosa Guerrera te ayudará a volver al hogar de tu naturaleza sabia femenina.

La *Autenticidad* no es algo que intentes alcanzar del exterior, sino que te sale de dentro. No te vuelves auténtica siendo una mujer ética, bondadosa o espiritual, sino aceptando tu vulnerabilidad, tus absurdidades y tus superpoderes. Te vuelves auténtica cuando aceptas y amas el punto personal en el que estás, sobre todo en los momentos en que aquello que estás viviendo no coincide con la imagen de lo que crees que «debería ser». El camino de la Diosa Guerrera te muestra cómo recorrer la senda de tu mismidad encarnada.

Y *¡Sí!*, tiene que ver con la celebración. Con celebrarlo todo. Siempre. Se trata de un gran arte que no está hecho para los pusilánimes. A la mayoría nos gusta celebrar nuestros éxitos, pero en este caso me estoy refiriendo a celebrar nuestras pérdidas más importantes. Significa buscarle el lado bueno a cada situación, aunque algo no te haya ido como esperabas. Encontrar la alegría en tu pena. Aceptar con entusiasmo tu lado oscuro. Felicitarte cuando metes la pata. Y, luego, volcarte al cien por cien en la siguiente acción.

La buena noticia es que al aplicar estas herramientas no solo he vivido un gran cambio en mi vida, sino que también he presenciado un cambio en muchas otras personas que recorrieron el mismo camino. Tengo una amiga y alumna que sufrió en la niñez serios abusos mentales, emocionales y sexuales. El trauma vivido a una edad temprana la estuvo condicionando enormemente durante años. Pero, tras dedicarse un tiempo a este trabajo interior, me alegra decir que las cosas han cambiado para ella, y todo empezó con un cambio en su percepción. Al inspirarla a fijarse en aquello en lo que necesitaba fijarse, empezó por fin el viaje de volver al hogar de su interior. De pronto, la idea de plantar cara a los abusos sufridos en la niñez, en lugar de ser una pesadilla horrenda que evitar a toda costa, se convirtió en un camino excitante para transformar la relación que mantenía consigo misma. Como ahora sigue este camino, está abierta a nuevas posibilidades en la vida. Esta clase de cambio mental y existencial tan profundo es lo que deseo para ti.

Cómo usar este libro

He organizado este libro en tres partes para reflejar los tres pilares del camino de la Diosa Guerrera: Sabiduría, Autenticidad y «¡Sí!» Cada capítulo contiene perlas de sabiduría sustanciosas, asimilables y manejables de una deliciosa practicidad. Exploraré temas como el perdón, el respeto y la quietud. Te ayudaré a sacar a la luz y a eliminar tus bloqueos, tu estancamiento y tus hábitos repetitivos. Me adentraré en la limpieza interna, las relaciones, la comunicación y el poder de los comienzos y los finales conscientes.

Cada capítulo contiene también algunas prácticas para ayudarte a llevar el camino de la Diosa Guerrera en la médula de los huesos. Puedes hacer una de las prácticas semanalmente, a diario o no hacer ninguna, nunca. Pero no olvides que cada una es un puente excelente para transformar las páginas en blanco y negro de este libro en una vida plena llena de color. Te permitirán investigar la mejor forma de integrar lo que has aprendido.

A lo largo de estas enseñanzas y ejercicios también compartiré contigo el viaje de una mujer para encarnar su fortaleza, integridad y gracia, a la vez que acepta sus rachas de timidez y torpeza, y su capacidad inagotable para perderse mientras conduce.

Emprendamos el camino de la Diosa Guerrera.

PRIMERA PARTE

SABIDURÍA

La sabiduría surge de manera natural cuando aprendes a escuchar. Me refiero no a las voces en tu cabeza, sino a las de tus células. No a la voz de tu jueza interior, sino a la de tu discernimiento natural. No a la de tu mente catastrofista, sino a la de tu conocimiento creativo interior. Todo cuando necesitas está dentro de ti. *El camino de la Diosa Guerrera* te ayudará a conectar con tu naturaleza sabia femenina.

Cuando escuchas esta sabiduría te das cuenta de que las comparaciones, los juicios de valor y las preocupaciones no tienen cabida en tu vida; dejas de intentar ser perfecta, hacerlo todo bien y sentirte querida; ya no vives anclada en el pasado ni proyectándote al futuro, consumida por tus pensamientos, y tampoco intentas controlarlo ni entenderlo todo.

Cuando dejas atrás todos estos hábitos por medio del poder de la sabiduría, ¿qué es lo que te queda? La mujer que estás destinada a ser no necesita en realidad disculparse, justificarse ni infravalorarse. Volverás a sentirte llena de maravilla, curiosidad y asombro de manera natural. Te lanzarás a la acción. Verás tu propia perfección y la de los demás, con vuestros defectos y todo.

A medida que vayas adentrándote en tu propia sabiduría, irás desprendiéndote de capas y más capas de historias, antiguas emociones y del hábito de aferrarte a lo que ya no te sirve. A veces tendrás que recurrir al calor del fuego para quemar lo viejo o a la fluidez del agua para limpiar con suavidad una situación determinada. Y otras, a la guerrera feroz o a la diosa de la compasión que llevas dentro. Tu sabiduría te mostrará qué es lo que debes hacer en cada momento.

I

La sabiduría de la presencia

El sentido común nos dicta que evaluemos nuestras creencias
según cómo nos afecten. Si nos hacen ser más afectuosos,
creativos y sabios, significa que son unas buenas creencias.
Pero si propician la crueldad, la envidia, la depresión
y la mala salud, nos están indicando que no son
unas buenas creencias o memes.

Barbara Marx Hubbard

Lo que define a una Diosa Guerrera surge del tesoro interior inestimable de comprometerte a amar y respetar tu hermoso ser, sin condiciones ni excepciones. Aquí es donde te posicionas, diciéndole a toda la creación: «Estoy dispuesta a apoyarme al cien por cien, en este momento y en este lugar. Proclamo mi intento de vivir en el presente, de abandonar los remordimientos del pasado y cualquier miedo que me provoque el futuro, y de honrar lo que es verdadero y mejor para mí en el Ahora».

He descubierto una y otra vez que para apoyarte plenamente tienes que dejar de esperar, desear y querer que las cosas sean distintas a como son. Para lograrlo, prométete que vas a quererte tal como eres, sin juzgarte, compararte ni evadirte. Así es como la Diosa Guerrera actúa. Cuando afirmas con afecto, en un estado de presencia: «Esta es quien yo soy ahora», recuperas el poder de decidir quién quieres ser y en quién quieres convertirte.

Parece en cierto modo una paradoja afirmar: «Para cambiar, me aceptaré ante todo tal como soy ahora». La mayoría de la mujeres nos hemos guiado por el modelo del autorrechazo, que afirma: «Para cambiar, debo castigarme por quién soy ahora».

Tómate un momento para advertir la inmensa diferencia entre las siguientes dos afirmaciones. Di primero una y luego la otra en voz alta, y cierra los ojos para notar cómo resuenan en tu interior.

«Para cambiar, debo castigarme por quién soy ahora.»

«Para cambiar, me aceptaré ante todo tal como soy ahora.»

¿Qué sientes al decir estas dos afirmaciones en voz alta? Cuando afirmo que tengo que castigarme por quién soy ahora, me da la sensación de que el cuerpo se contrae y me siento abrumada por la desesperanza. Pero cuando afirmo que para cambiar me acepto tal como soy ahora, me siento envuelta por una energía sumamente relajante.

Es comprensible que muchas mujeres hayan adoptado el modelo del autorrechazo para cambiar. Si echas un vistazo al mundo actual, verás innumerables ejemplos que reflejan la idea falsa de que para cambiar tenemos que autocastigarnos. Sobre todo en el caso de las mujeres, que son ridiculizadas si su cuerpo no coincide con los cánones de belleza establecidos (las redes sociales son el nuevo medio para esta clase de conducta misógina), o si no se comportan «como una dama».

Es imposible estar a la altura de los mensajes que recibimos como mujeres: «Sé amable. Sé atrevida. Sé sexi. Sé virginal. Cuida de todo el mundo, tú no eres importante. Sé una supermamá. Sé todo lo que tu pareja quiere que seas. Sé tú misma, pero sin ser egoísta. No crees problemas. No ofendas a la gente. Esconde tu feminidad para que no te acosen sexualmente. Sé femenina, de lo contrario no serás una mujer. Lo que importa es tu aspecto». Con todos estos mensajes reprobadores y contradictorios, no es de extrañar que tantas mujeres se riñan a sí mismas por creer que no dan la talla o que no lo están haciendo «bien».

Por eso, aceptarte sin cortapisas tal como *ahora* eres es uno de los cambios que más cuestan. Pero cuando vives aceptándote al cien por cien todo es muy distinto para ti. Cuando te aceptas, la puerta de la curación creativa y de las posibilidades se abre suavemente; en cambio, cuando te castigas se cierra dando un furioso portazo.

Lo sé de primera mano, porque en el pasado solía cerrar las puertas interiores de un portazo. Me trataba a mí misma más bien como un sargento instructor resentido que como una amiga cariñosa. En mi cabeza resonaban las duras órdenes de *debería*, *debo* y *tengo que* mientras intentaba comportarme como yo creía que una «buena chica» debía hacerlo.

Este deseo de comportarse como una «buena chica» que atormenta a tantas mujeres suele venir de la infancia. Recuerdo que a los siete años, mientras me sacaban una foto intenté posar como una niña «buena», es decir, como una niña callada, dulce, pequeña y complaciente. No tenía idea de que esos pensamientos me venían probablemente de los cuentos de hadas, de los programas televisivos y de los hilos invisibles de los acuerdos transmitidos tácitamente a través de las experiencias de mis antepasadas. No quería ser yo misma, sino una niña pequeña encantadora a la que todo el mundo quisiera a todas horas. Y acabé adquiriendo el hábito de ponerme un listón demasiado alto y, como era imposible alcanzarlo, siempre me sentía decepcionada conmigo misma.

Pero después de estar juzgándome y castigándome durante años me di cuenta de que, en realidad, nunca cambiaba nada en mi vida. Siempre acababa metida en las mismas situaciones, relaciones y dramas, y la mayor parte del tiempo no me sentía feliz ni llena. Este sufrimiento me llevó a una epifanía: *No conseguirás cambiar de forma auténtica y duradera castigándote*. Y al descubrirlo, mirándole a la cara a mi sargento interior, decidí dejar de castigarme, segura de que había otro modo mejor de madurar. En ese instante me prometí apoyarme con gratitud y amor en lugar de juzgarme y machacarme, y decidí desprenderme de la angustia y frustración que conllevaba mi hábito de maltratarme.

El primer paso para apoyarte es dejar de intentar ser una chica «buena» o «perfecta», y aceptarte como eres ahora, seas como seas.

Pero, según mi propia experiencia, no es tan fácil como parece. La mayoría de las mujeres aceptan fácilmente sus virtudes, pero en lo que se refiere a sus defectos ya es otro cantar. En mi caso, me llevó más tiempo y trabajo interior aceptarme plenamente y aprender a observarme en vez de reprenderme cuando descubría aspectos de mí que quería cambiar. Dicho esto, puedo afirmar que la ardua tarea de conocerme mejor y quererme siempre ha valido la pena.

A veces el amor propio se confunde con narcisismo o egotismo. Por eso quiero hacer un inciso para definir lo que significa esta palabra. Quererte es una acción, y la pones en práctica cada vez que te asomas a tu interior, escuchas tu corazón y respetas lo que oyes. Esto no significa que no tengas en cuenta o aceptes los sentimientos y las opiniones de los demás, pero, por lo que he podido ver, la mayoría de las mujeres no tenemos ningún problema en cuanto a ser atentas. Al contrario, en muchas ocasiones tendemos a volcarnos hasta tal punto en los demás, anteponiendo sus necesidades a las nuestras, que no nos ocupamos como es debido de nosotras mismas. Quererte es lo que te permite equilibrar tu propia vida con la de las personas de tu entorno. Respetas tus necesidades, deseos y decisiones, prestándoles tanta atención como si fueran los de tu gente.

¿Cuándo te rechazas y castigas?

Puedes quererte en unas ocasiones y rechazarte en otras. Así que apoyarte y quererte en todo momento significa reconocer, aceptar y dejar atrás aquellos aspectos tuyos por los que todavía te machacas sutilmente (o no tan sutilmente). A medida que aprendes a reconocer y abandonar esos pensamientos negativos en cuanto surgen, tu vida se vuelve mucho más placentera, ya no estás encorsetada por las ideas falsas de lo que significa ser tú misma.

En *Tu Diosa Guerrera interior* he hablado de las numerosas formas encubiertas que empleamos para rechazarnos y castigarnos. Por ejemplo, al mirarnos al espejo y criticarnos por lo que vemos. O cuando intentamos por todos los medios hacer que otra persona sea feliz a expensas nuestras. O cuando una relación de pareja se acaba y nos decimos que ha ocurrido por ser poco atractivas, imperfectas o incluso por no merecernos que nos amen.

Aun después de habernos plantado con firmeza en el camino de la Diosa Guerrera, seguimos escuchando esas voces insidiosas en nuestra cabeza. Pero son fáciles de reconocer, aunque esto no significa que podamos zafarnos de ellas como si nada, ya que suelen ser los juicios chillones que oímos en nuestra mente cuando empezamos este trabajo interior.

Además de reconocer tus juicios más severos sobre ti y de desprenderte de ellos, una Diosa Guerrera ahonda incluso más aún en su interior. Y detecta los juicios que, pese a ser más sutiles, también le impiden gozar de paz interior. Como cuando te castigas por cometer un simple error, o te comparas mentalmente con alguien y luego te consideras una fracasada (o superior a otra persona, lo cual también te hace sentir en el futuro como una nulidad). Como Sophie me escribió recientemente:

> He estado intentando ser más compasiva y paciente conmigo misma en cuanto a mis pequeños errores. Como el de comerme una galleta de más o olvidarme del nombre de una persona. A veces puedo ser muy dura conmigo misma, reprendiéndome en mi interior, hasta que lo advierto y, evaluando la situación y el calibre de mi error, recupero la calma.

Otra de mis estudiantes, a la que llamaré Tanya, ha estado enfrentándose con la sutil pero molesta creencia de no ser lo bastante guapa, femenina o lista como para merecerse ser amada en el sentido más íntimo. Cuando era joven se enganchó a las drogas, el alcohol y la comida para intentar acallar esas voces en su cabeza, pero como es natural de nada le sirvió, solo hizo que se odiara todavía más a sí misma. Después de años de estar recuperándose, descubrió que, aunque ya no tuviera esas adicciones externas, era adicta a compararse con otras mujeres y que se criticaba con crudeza a todas horas. Un día se presentó en mi clase con una sonrisa de oreja a oreja, saltando literalmente de alegría.

HeatherAsh, ¡por fin he entendido lo que has estado diciendo! Antes que nada, debo aceptarme a mí misma. Me he pasado la vida sintiéndome rechazada y creyendo ser tan imperfecta como mujer que nadie se fijaría nunca en mí ni me amaría. Pero no era más que yo misma rechazándome de nuevo. Ayer, al mirarme al espejo y empezar a juzgarme, pude pararme en seco y decirme simplemente: «Hola, acepto el cuerpo que tengo y decido quererme en lugar de odiarme. Sé que aún me queda un largo camino por delante, pero ¡estoy en una nueva etapa en mi vida!»

Si no somos conscientes de todas las pequeñas formas en las que no nos aceptamos, actuaremos como el ligero zumbido de una nevera que no cesa de runrunear en la trastienda de la mente sin que apenas nos demos cuenta, si es que lo advertimos alguna vez. Pero al enfrentarnos con compasión a nuestro runrún negativo interior, captándolo plenamente, vemos por fin el daño que nos estamos haciendo a nosotras mismas, día tras día, y decidimos cambiar.

Las mujeres solemos juzgarnos sutilmente al intentar ser perfeccionistas, animadas por los mensajes de la sociedad para que seamos esposas, hijas, amigas, jefas y mamás perfectas. Antaño, una mujer perfecta se representaba como un ama de casa con un collar de perlas y zapatos de tacón, pasando la aspiradora por la casa, y cenando luego por la noche, sonriente y feliz, con sus hijos y su marido. Pero ahora la imagen moderna de una fémina perfecta es la de una mujer trabajadora con una carrera universitaria interesante, una supermamá que se vuelca en sus hijos y va a clases de yoga cuatro días a la semana en su tiempo libre. Los listones que nos imponemos y los que nos imponen

los demás son tan altos que creemos no estar a la altura de las circunstancias, por más que nos esforcemos.

Curiosamente, la mayoría de las mujeres que conozco asentirían
con la cabeza en el acto al oír: «Nadie es perfecto» o «Todos cometemos
errores», pero en cambio les cuesta una barbaridad aplicarse a sí
mismas esta verdad eterna.

Y sí, lo sé de primera mano, porque yo también lo hago. En cuanto
me descubro diciéndome cualquier variación de la palabra *debería*,
en voz alta o en mi cabeza, es la señal para fijarme en mis pensamientos,
porque en lugar de aceptarme tal como soy y de aceptar mi estado
mental en ese momento, suelo regañarme por no ser como creo que
«debería» ser. Aceptarte en el presente a cada momento es el primer
paso para apoyarte a ti misma. Aprender a advertir, identificar y abandonar
cualquier forma en la que te juzgas y castigas sutilmente es la
clave para aceptarte. A medida que analizaba mis «deberías» también
me di cuenta de que a veces, en lugar de usar la palabra *debería*, usaba
otras que están muy relacionadas, como *si* y *sería*, porque me ayudaban
sutilmente a crear una lista de las condiciones que creía necesitar para
estar a la altura de la situación. Y luego me castigaba en mi interior por
fracasar.

De esta manera, convertía las prácticas positivas y las herramientas
transformadoras de una Diosa Guerrera en látigos para fustigarme.
Los siguientes ejemplos ilustran los pensamientos que me descubría
teniendo:

- Si fuera una buena Diosa Guerrera, sería cariñosa y apacible
  todo el tiempo.
- Como buena Diosa Guerrera, nunca debo saltar por nada ni
  reaccionar emocionalmente.
- Si fuera una buena Diosa Guerrera, nunca tendría miedo.

Por esta razón, cuando temía lo que la gente pensara de mí, saltaba
y reaccionaba emocionalmente, o no era cariñosa ni apacible como de

costumbre. Me machacaba en mi interior. Un día me descubrí haciéndolo y, de pronto, vi que había transformado los principios de la Diosa Guerrera en instrumentos para flagelarme. ¡Vaya, qué irónico!

Sé, por lo que otras personas me han contado, que no soy la única. Muchas mujeres a las que he asesorado han creado, a sabiendas o sin darse cuenta, esta lista de perfecciones basada en lo que es importante para ellas. Reflexiona un momento sobre tu propia vida. ¿Tienes una lista de ideales de perfección que intentas alcanzar? Tal vez sea una lista como la mía de las perfecciones de una Diosa Guerrera, o quizá tenga que ver con algunos otros ejemplos procedentes de las mujeres a las que he asesorado:

- Si fuera una buena madre, nunca perdería los nervios con mis hijos.
- Si fuera una buena jefa/empleada/colega, siempre alcanzaría mi objetivo o entregaría los encargos a tiempo.
- Si fuera una buena esposa o compañera, siempre haría feliz a mi pareja.
- Si fuera una buena mujer, no sería tan gorda.
- Si fuera una buena amiga, siempre estaría disponible.
- Si fuera una buena hija, dejaría que mi madre viviera con nosotros aunque no me lleve bien con ella.
- Si fuera una buena fémina, siempre estaría guapa y sería complaciente.
- Si fuera una buena Diosa Guerrera, sería mucho más valiente.
- Como madre soltera, debo ser lo bastante fuerte como para colmar todas las necesidades de mis hijos, desempeñando también el papel de padre.
- Si fuera una pareja que valiera la pena, encontraría a mi media naranja.

Dedica un momento a hacer una lista de tus ideales de perfección y de cómo te juzgas cuando no los alcanzas. Fíjate en cómo este tipo de creencias establecen el escenario para el modelo antiguo de: «Para cambiar, debo castigarme por quién soy ahora».

Di a continuación esta afirmación en voz alta: «¡Nadie es perfecto, yo tampoco!» Siente la energía de quererte y aceptarte cuando lo hagas. También puedes decir: «¡Todo el mundo es perfecto, yo también!»; en realidad; ambas frases significan lo mismo, todos somos perfectamente imperfectos. Las dos reconocen la misma verdad, aunque desde distintas ópticas, como dos personas viendo la misma situación desde los dos lados opuestos de una habitación. Ambas dicen la verdad, dependiendo de cómo la perciben. ¿Con cuál te identificas más?

La creencia de que «para cambiar, necesito castigarme» está tan arraigada en nuestra psique que como Diosa Guerrera tienes que estar muy atenta para captar todas las formas en las que te juzgas o te pones un listón demasiado alto. En este capítulo volveré a hablar de ello más adelante (¡y te daré las indicaciones para reescribir tu lista!), pero antes me gustaría analizar más a fondo el mecanismo que te permite juzgarte.

Tu mente y tú

¿Te has percatado alguna vez de que es en tu mente donde te juzgas, te castigas o no te quieres de alguna otra forma? Es decir, tu nariz no te juzga, ni tus muslos y tus caderas, tampoco. Al contrario, tu cuerpo entero te apoya, aunque lo trates mal. Se podría decir que te ama incondicionalmente.

Pero no se puede decir lo mismo de tu mente, ¿no te parece?

Todos tus juicios sobre ti no son más que pensamientos. El problema no está en tu cuerpo, sino en tu manera de pensar. Aunque la observación de que es tu mente la que crea los juicios salte a la vista, no solemos tener en cuenta las implicaciones de verlo, porque en nuestra cultura se le da tanta importancia a la mente racional que muchas personas se identifican con sus pensamientos en lugar de contemplar la verdadera inmensidad de su ser y ver que la mente no es más que una parte.

Muchas culturas y tradiciones llenas de sabiduría de la antigüedad eran conscientes de ello, por eso afirmaban que el yo verdadero reside en el corazón y no en la cabeza. Por supuesto, incluso lo de que reside en el corazón es una metáfora, pero esta perla de sabiduría te hace tomar conciencia o te recuerda que tu yo verdadero es mucho más de lo que la mente es capaz de entender.

Lo cierto es que tú no eres solo tu mente, esta no es más que una parte de ti. Pese a insistir en lo contrario, tu mente no puede contenerte, describirte ni entenderte plenamente al nivel más profundo. Tu mente solo entrevé un aspecto diminuto de quién eres. Y, además, no se le da demasiado bien describirte con precisión, *ya que suele creer que deberías ser de otra manera*. Es como si se quedara corta en este sentido, no puede captar la totalidad de tu ser.

Cuando nos quedamos atrapadas en nuestra vida frenética, podemos creer fácilmente que somos los pensamientos que nos vienen a la cabeza. Pero tú no eres solo tus pensamientos o tu cuerpo. Tu yo verdadero es una combinación perfecta de espíritu y materia, una danza sagrada de energía encarnada bajo una forma física. Imagínate que ya no sientes la necesidad de entender, etiquetar y controlar todo cuanto te rodea. Eso es lo que a la mente le gusta hacer, pero tu verdadero ser no se aferra a esas herramientas mentales. Tu ser verdadero, quién eres en el fondo, es una pura fuerza de la naturaleza, expresada a través de una forma física, una creación única de lo más increíble de una perfección exquisita. Sin duda alguna.

Imagínate que ya no sientes la necesidad de tener razón o de ser perfecta. Imagínate que contemplas el mundo con los ojos maravillados de una niña y con la serena sabiduría de una persona mayor. Imagínate que tu corazón es el que toma las riendas y el que ama cualquier experiencia vital tuya. Cuando vives de ese modo, estás en contacto con tu yo verdadero, la parte de ti que normalmente está enterrada bajo las capas mentales de los pensamientos sobre el pasado y el futuro, del eterno hábito de catalogar a la gente, los lugares y las cosas, y en especial a ti, como bueno o malo, correcto o incorrecto, útil o inútil.

La mente es un instrumento maravilloso cuando la has domado, pero si es la que lleva las riendas, es un escollo gigantesco que te impide gozar de paz interior. Aunque te pases años meditando o haciendo prácticas para aquietar la mente, si no reconoces y abandonas el hábito de la mente de juzgarlo todo —o sus percepciones distorsionadas de quién crees que *deberías* ser—, nada cambiará en el fondo en tu vida. La meditación y otro tipo de prácticas relajantes ayudan a tu mente a relajarse, pero, aunque te sientas más tranquila, en el fondo estarás inquieta y seguirás creyendo que no vales nada.

La buena noticia es que, según mi propia experiencia, cuando empiezas a advertir y a abandonar las formas en que te juzgas y castigas le estás enseñando a tu mente a verte como un ser mágico, multidimensional y magnífico, en lugar de tenerte por una persona que no da la talla, imperfecta, o que se cree en unas ocasiones mejor que los demás, y en otras, peor, dependiendo de tu estado de ánimo. Así aprenderás a quererte en todas tus manifestaciones. A amarte sea cual sea tu estado mental, tanto cuando tienes miedo como cuando crees haber llegado a lo más alto, haber cometido un error garrafal o haber alcanzado tu meta.

En el fondo, un juicio de valor no es más que la mente etiquetando algunas cosas como «buenas», y otras, como «malas». Es el hábito mental que la mayoría hemos adoptado. Una Diosa Guerrera cambia de chip y renueva sus ideas de lo que es «bueno» y «malo» cuando se trata de entenderse a sí misma. Es decir, ha llegado el momento de dejar de intentar ser una gran mujer, de estar a la altura de las circunstancias y de ser perfecta para ser tú misma simplemente. No olvides que, en realidad, nunca eres una mala persona. Lo que ocurre es que a veces descubrimos al mirar atrás que lo que hicimos en el pasado no nos ha ayudado a madurar o no ha producido el resultado deseado. Así es como aprendemos en la vida y, como la maravillosa

Maya Angelou escribió: «Cuanto más sabes de tu historia, más liberado estás».

Mientras nos adentramos en el camino de la Diosa guerrera, te invito a ocuparte de tu mente de otra manera. Cuando empieces a juzgarte, a etiquetarte como una buena o una mala persona o a criticarte y regañarte, en vez de tomártelo en serio, aprende a decir: «¡Oh, mi mente vuelve a las andadas!» Al final, ¡incluso acabarás riéndote de ti misma cuando oigas a tu mente diciéndote que debes estar a la altura siendo de una forma que es inalcanzable!

Este es el nuevo hábito de quererte. En cuanto lo pongas en práctica te convertirás en tu mejor amiga, tu hada madrina, guerrera, gurú y diosa al mismo tiempo, cuyo único objetivo es rescatar tu precioso corazón de los juicios de tu mente. Y la buena noticia es que ya tienes todo cuanto necesitas para celebrar exactamente quién eres y para cultivar con creatividad (sin forzarlo, juzgarlo o anhelarlo) quién te gustaría ser. En cuanto te aceptas y te amas plenamente, ves que te sientes bien en cualquier situación. Y al hacer tuya la singularidad de tu ser descubres que los demás y tú sois uno. La sabiduría rindiéndose tributo a sí misma consiste en esto.

Reescribe la lista, reentrena tu mente

Vamos a retomar ahora las listas que has escrito al inicio de este capítulo para enseñarle a tu mente a amar y aceptar cada aspecto tuyo, incluidos aquellos por los que te juzgas o en los que te pones un listón demasiado alto. Te invito a volver a escribir la lista, basándote en esta afirmación: «Para cambiar, me aceptaré ante todo tal como soy ahora». Siente la energía de quererte y aceptarte mientras la escribes de nuevo. Esta es la lista que yo he reescrito:

- Como Diosa Guerrera, a veces cometo grandes errores, pero confío en que todo ocurre por una razón.

- Como Diosa Guerrera, a veces reacciono emocionalmente, pero estoy aprendiendo a ser más afectuosa conmigo misma y con los demás.
- Como Diosa Guerra, a veces me ofusco por algo, pero uso esos momentos para conocerme mejor y ser consciente de mis acuerdos.
- Como Diosa Guerrera, a veces tengo miedo, pero estoy aprendiendo a controlarme con compasión y a amarme a pesar de mis miedos.

Ahora te toca a ti. Vuelve a escribir la lista que hiciste antes. Hazlo reconociendo que tienes ideales que te gustaría alcanzar, pero que a veces no lo consigues porque te topas con la realidad, y está bien. De esta manera te quieres incondicionalmente. Marcarte objetivos e intentar mejorar en ciertos aspectos es estupendo, pero hacerlo queriéndote significa que intentas alcanzarlo sin castigarte.

En cuanto hayas escrito de nuevo la lista, anota en la parte superior «Credo personal de» y añade al lado tu nombre. Te invito a recitar a diario el Credo de la Diosa Guerrera que aparece en la introducción y luego tu credo personal (el que acabas de escribir) durante las dos próximas semanas. Te ayudará a estar presente y atenta en la vida, y a ser una Diosa Guerrera que honra la verdad de quien realmente eres.

Sabiduría: recursos para la presencia

Dones

- Prométete que te amarás y respetarás sin condiciones ni excepciones.
- Sé consciente de cuándo te saboteas sutilmente con las palabras *debería, si* y *sería*.

- Recuerda que tu mente es un instrumento estupendo, pero tienes que entrenarla en serio para que deje de juzgarte y te acepte siempre.

Exploraciones

La mente está juzgando constantemente todo lo que ve (a ti también) y creando historias sobre ello. En el próximo capítulo analizaré con más profundidad estas historias. Pero antes de proseguir haremos un ejercicio que te sacará de tu «cabeza» para ayudarte a conectar con la inmensidad de quien eres.

EXPLORACIÓN INTERIOR:
NO SOLO ERES TU MENTE

Lee el siguiente ejercicio durante unos minutos, deja luego el libro a un lado y hazlo de memoria lo mejor posible. Recuerda que no hace falta realizarlo a la perfección.

Ponte cómoda y respira varias veces con el diafragma (respiración abdominal). Relaja los hombros. Cierra los ojos.

Concéntrate ahora en los dedos gordos de los pies. Respira varias veces y dirige la respiración hacia esta parte del cuerpo. Nota los dedos y capta la sensación que te produce. Observa la relación que mantienen con los zapatos, los calcetines o el aire. Fíjate en cómo están conectados con el pie. Céntrate ahora en la palma de una mano. Respira y dirige la respiración a la palma. Advierte las texturas, las sensaciones y la temperatura.

Lleva ahora la atención a otras tres partes del cuerpo, usa la respiración para sumergirte en las sensaciones que te producen. Elige las que prefieras, como la garganta, la coronilla, el sacro, la parte posterior de las rodillas o el oído derecho. Lo esencial es dejar de pensar para dedicarte a sentir.

En cuando notes que tu mente se ha sosegado un poco, empieza a recordar momentos de tu vida en los que te dejaste llevar por el corazón o la intuición, sin que tu mente necesitara entender la situación o hacer algún comentario al respecto. Tal vez te ocurrió mientras disfrutabas del canto de los pájaros y de los colores de la vegetación paseando en plena naturaleza, o estando inmersa en un proyecto creativo, o al tener una fuerte corazonada o sentir amor y agradecimiento por un hijo tuyo, un amigo o tu pareja. Sé consciente de esta sensación de conexión y advierte cómo la percibes en el cuerpo. Siéntela el máximo tiempo posible. Si notas que te has puesto a pensar, vuelve a centrarte en la sensación que estás explorando.

Cuando te sientas preparada, abre los ojos y echa un vistazo alrededor de la habitación, intentando lo máximo posible no etiquetar ni catalogar nada de lo que te rodea. Imagínate que lo estás viendo por primera vez. ¿Cómo lo asimilarías, no con la mente, sino con tu ser? ¿Cuál es la diferencia entre percibir con la mente lo que te rodea y experimentarlo sin que la mente lo interprete ni cree historias sobre ello?

RECONOCE Y ABANDONA TUS JUICIOS SOBRE TI

El primer paso para apoyarte al cien por cien es reconocer y abandonar tus juicios sutiles, y no tan sutiles, sobre cualquier aspecto tuyo. Piensa en las últimas semanas (o las últimas horas) y haz una lista de cualquier aspecto tuyo por el que te hayas juzgado o castigado, o recuerda cualquier ámbito en el que estés intentando ser perfecta. Puedes incluir, si lo deseas, los ejemplos que presento en *Tu Diosa Guerrera interior*; lo más probable es que surjan en tu vida de vez en cuando, pero también me gustaría que captaras cualquier forma sutil en la que te juzgas o te castigas, ya que suelen costar más de advertir. Mi propia lista es la siguiente:

- Mientras conducía para ir a una reunión, me perdí. Me regañé por tomar una dirección equivocada, por no haber salido antes de casa y por haber hecho esperar a otras personas.

- Me fijé el objetivo de hacer yoga y acabé implicándome en otra actividad. Me detesto por no haberlo alcanzado.
- No conseguí entregar a tiempo un proyecto laboral y me he recriminado por ello.
- Mientras meditaba en grupo, me olvidé de apagar el móvil. Sonó en medio de la sesión y me regañé por haberlo dejado encendido.

¡Ha llegado el momento de reescribir la lista! De esta manera reentrenarás tu mente. A medida que se me ha ido dando cada vez mejor, con los años, he reemplazado los pensamientos en los que me rechazo por otros en los que me quiero y acepto. Esta es mi nueva lista:

- Estoy aprendiendo a ser disciplinada y sé que es importante ser puntual, pero habrá ocasiones en las que llegaré tarde.
- Me he prometido hacer yoga una o dos veces a la semana y apoyarme en mi práctica, pero sé que a veces me perderé alguna sesión.
- Intento al máximo entregar los proyectos a tiempo, pero sé que no siempre lo conseguiré, y está bien.
- Soy considerada con la gente y normalmente me acuerdo de apagar el móvil mientras medito, pero alguna vez me olvido.

Ahora te toca a ti. Vuelve a escribir tu lista basándote en la afirmación: «Para cambiar, me aceptaré ante todo tal como soy ahora».

2

La sabiduría de las historias

Transforma tus heridas en sabiduría.

Oprah Winfrey

En el capítulo anterior he analizado los juicios de la mente o los aspectos de uno mismo que la mente cree de manera sutil (o no tan sutil) que deberían ser distintos o perfectos. Cuando no somos conscientes de estar juzgándonos, esos pensamientos acaban hilvanándose en historias antes de que nos demos cuenta. Estamos escribiendo una novela en nuestro interior en la que nos rechazamos, castigamos o no alcanzamos la imagen de perfección imaginada.

Esas historias crean una narrativa personal de quiénes creemos ser y de cómo nos expresamos en el mundo, y la mente es una contadora nata de historias. Pero cuando descubrimos que sus puntos de vista son sesgados y que la mente no es más que una *parte* de nuestro ser, pero no la única, vemos las historias que nos contamos por lo que son: como meras historias. Y tenemos entonces el poder de cambiarlas.

Afrontar con un amor y una compasión incondicionales las historias que nos contamos, y a nosotras mismas, nos permite dejar el espacio necesario para transformarlas. Una historia depende del que la cuenta y, al entenderlo, podemos cambiar nuestro punto de vista y reescribirlas, para que sean una parte dinámica y maravillosa de nuestra creación consciente, independientemente de lo que nos haya ocurrido en el pasado.

Reescribir las historias que nos contamos en la cabeza es la diferencia entre llevar una vida basada en la programación adquirida en el mundo de nuestra infancia y vivir en un estado mental poderoso e inspirador donde somos las heroínas de nuestras propias historias en lugar de las víctimas. En el primer caso no somos conscientes de ello y estamos atrapadas en las circunstancias, y en el segundo actuamos como una Diosa Guerrera que sabe que la historia depende de una misma y no del exterior. Puedes superar tus historias heredadas y reemplazarlas por lo que tú quieras, literalmente. Tu potencial, tus posibilidades, son infinitas.

Creo que hemos venido a este mundo, como mujeres, para cambiar radicalmente de perspectiva y liberarnos de ese modo de nuestras historias llenas de miedos y de inseguridades, y crear otra nueva basada en estar presentes y en autorrealizarnos. Esta es la sabiduría de la historia en acción y el secreto para transformar tu mundo.

En *Tu Diosa Guerrera interior* comparto una historia sobre mi difícil infancia que solía contarme a mí misma y a cualquiera que me lo pidiera. Un día descubrí que cada vez que la contaba me sentía agotada, triste y desvalida. Esta es la historia resumida de mi infancia:

De pequeña me traumatizó la cantidad de veces que mi familia había trasladado el lugar de residencia. Fui a ocho escuelas distintas y viví en cuatro países: Singapur, Hong Kong, Estados Unidos y Tailandia; y ni siquiera había cumplido dieciséis años. Nos mudábamos cada dos años más o menos. Al principio de curso sentía una timidez dolorosa, me sentía desconectada y sola. Pero antes de que empezara el segundo año en la escuela ya había hecho amigos y había encontrado mi espacio, y entonces volvíamos a mudarnos y el ciclo empezaba de nuevo. Tuve que cambiar de amigos tantas veces por el hecho de marcharnos, o bien porque se marchaban ellos a causa del trabajo de sus padres, que en la actualidad me cuesta mucho conectar con la gente a nivel íntimo y tengo miedo del abandono. Y cada vez que cuento mi historia me doy pena. ¿No te pasaría a ti lo mismo?

Cuando vi que no quería seguir sintiéndome así, se me ocurrió una gran idea. Decidí averiguar qué ocurriría si cambiaba mi historia. Me dediqué a reflexionar sobre mi infancia y decidí reescribir la historia, viendo todo lo que me había sucedido como una bendición. El resultado fue una revelación: había gozado de una infancia increíble. Esta es mi nueva historia:

De niña fui bendecida con una familia aventurera. Cambiábamos de lugar de residencia cada dos años y en verano viajábamos por el mundo. Pasé la mayor parte de la infancia matriculada en fantásticas escuelas internacionales del sudeste asiático y, cuando aún no había cumplido los dieciséis, mi familia ya había estado en veinte países distintos, de visita o residiendo en ellos: Tailandia, Singapur, la India, Egipto, Italia y España. A causa de las muchas veces que nos mudamos y de nuestros viajes, aprendí a ser increíblemente flexible y a amar profundamente la diversidad y la creatividad de los humanos. Mis experiencias infantiles me ayudaron a entrar en contacto con puntos de vista muy diferentes, a hacer amigos con facilidad y a celebrar el cambio. Cada vez que explico esta nueva historia, tengo la sensación de haber vivido una aventura y siento mucha gratitud.

El cambio que hice dentro de mí fue profundo. Me sentí entusiasmada, abierta y poderosa. Ahora, la cuestión es: ¿cuál de las dos historias es la real, la de mi infancia difícil o la de mi niñez sorprendente? Lo más asombroso es que ambas son ciertas y falsas al mismo tiempo.

Nuestras historias son ciertas porque describen lo que ocurrió en el pasado. Y cuando invertimos nuestra energía en ellas, hacemos que se vuelvan reales para nosotras. Y son también falsas porque no son más que historias. No son reales, no están ocurriendo en el presente. Son como escenas de una película muda que están esperando a que les escribamos la narrativa. Como descripciones del pasado, son ficción, es decir, podemos decidir cambiar el final, el principio y la parte de en medio cambiando simplemente nuestro modo de ver la historia.

También he descubierto que para reescribir tu historia no es necesario que descubras cómo adquiriste las creencias o la programación antigua que la crearon. En el fondo, no importa. En cuanto ves que estás siguiendo una historia que creaste o adoptaste de otras personas hace mucho tiempo, en ese instante tienes el poder para cambiarla. Reescribir tu historia es una forma increíble de cambiar tu mundo. Pero para la mayoría de las personas, una historia antes tiene que madurar para poder reescribirla.

La historia madura

Cuando llegas al punto de ver que una historia no es más que una historia, deja de condicionarte y, en ese momento, se puede decir que la historia ha «madurado». Al igual que un racimo de uva que se desprende de la parra con solo tocarlo, listo para comerlo o desecharlo, una historia está madura cuando dejas de apegarte a ella, cuando ya no define quién eres. Las historias maduran cuando ya no necesitas creértelas.

El siguiente breve ejemplo es el de la historia que se estuvo contando durante años una amiga mía. Ilustra cómo la historia que al principio le había hecho sufrir maduró más adelante y pudo reescribirla. Mi amiga, a la que llamaré Beth, creció pensando que «no» era una niña lista en su familia. Le pareció que constantemente la comparaban con su hermano y el excelente rendimiento académico de este. Y cuando ella no se lució tanto en los estudios como él, creyó que era una nulidad y que su familia no la amaba. La situación llegó al límite cuando él descolló en la carrera que cursaba y, en cambio, ella dejó los estudios. Después de aquel episodio, se puso a trabajar. Tuvo varios empleos de poca monta y más tarde una pequeña compañía tecnológica la contrató como recepcionista. Fue entonces cuando su carrera empezó a despegar. Durante los quince años siguientes, asumió muchos distintos cargos en la compañía y fue ascendiendo laboralmente de manera fulgurante, hasta convertirse en la directora y ganar un sueldo de seis cifras.

En aquella época también estuvo haciendo un trabajo interior importante y descubrió que, sin darse cuenta, había hecho un acuerdo consigo misma muchos años atrás. Beth creía que, si alcanzaba un éxito profesional y económico apabullante, le demostraría por fin a su familia que era una mujer lista y merecedora de ser amada (y, por lo tanto, de quererse a sí misma).

Descubrir esta arraigada creencia le permitió dejar de creer en la historia de que necesitaba competir con su hermano para recibir la aprobación de su familia y la de sí misma. La historia había madurado en su interior y ahora comprendía que siempre había sido lista, valiosa y digna de ser amada, y que no necesitaba triunfar en el mundo en ningún sentido para demostrárselo a sí misma o a cualquier otra persona.

Con una historia que ya había madurado, Beth pudo evaluar su vida laboral actual y decidir si la larga jornada de trabajo estaba hecha para ella o si valía la pena probar algún otro empleo. Como la historia ya no la condicionaba, se dedicó a observarla y a mirar en su interior con ojos compasivos. La historia había madurado, y Beth pudo elegir entre reescribirla o desecharla.

Me gustaría observar que no importa si Beth tenía «razón» en cuanto a que su familia la comparaba con su hermano. La cuestión es que ella se lo *creía* y se había hecho toda una historia al respecto. Pero la historia maduró cuando Beth fue capaz de percibir la narrativa y sintió que esta ya no condicionaba sus actos en el presente.

Ama las historias inmaduras

Una historia inmadura sigue, en cambio, acaparando nuestra energía y alterándonos emocionalmente. Tal vez deseemos dejarla atrás, pero aún no es el momento. La historia todavía está demasiado dura y amarga como para abrirla. Esta clase de historias nos siguen haciendo daño porque no las vemos con claridad. Cuando nos creemos una historia invertimos nuestra energía emocional en ella, por lo que sigue creciendo y estando viva y fuerte. Y está bien, porque el camino de la Diosa Guerrera consiste en querer cualquier aspecto de ti. Y esto incluye las historias inmaduras de tu vida.

He oído decir que cuando más daño nos hacen las historias inmaduras es al juzgarnos por haberlas vivido e intentar arrancarlas de la parra antes de tiempo. He visto a mujeres crear un gran sufrimiento por sus historias inmaduras, y yo también he sufrido enormemente cuando he intentado enfrentarme a ellas.

Las mujeres solemos castigarnos por no conseguir superar historias inmaduras tan comunes como las siguientes:

- Debería ser capaz de superar mi historia de abusos sexuales / violación / violencia doméstica.
- No debería seguir afectándome tanto mi aborto provocado / mi aborto espontáneo / mi incapacidad para tener hijos.
- Hace «x»> meses/años que debería haber hecho caso a mis amigas y haber superado mi divorcio / la muerte de mi pareja / la pérdida de mi hijo.

En el camino de la Diosa Guerrera, las historias inmaduras nos gustan tanto como las maduras. De lo contrario nos harán sufrir más, ya que estaremos siguiendo el antiguo modelo del cambio del que he hablado en el capítulo anterior: «Para cambiar, debo castigarme por quién soy ahora». Lo sé de primera mano. A continuación cito un ejemplo de una vez que quise castigarme para poder cambiar, y más tarde recordé la importancia de afrontar mis historias inmaduras con gratitud y amor.

En un momento decisivo de mi vida, mi primer marido se fue de casa y me descubrí dándole vueltas y más vueltas a una historia en mi cabeza: *¿Cómo pudo haberme dejado? Si yo hubiera sido distinta, no lo habría hecho. Soy una pareja terrible. Podría haberlo impedido de algún modo.* Aunque sabía que nuestra relación se estaba acabando, me sentí impactada y confusa durante meses. Me costó una barbaridad renunciar a nuestra relación de pareja, nuestras enseñanzas y nuestro negocio familiar. No quería aceptarlo. La historia de que «deberíamos» seguir como pareja era muy fuerte (nos habíamos casado, mi antiguo acuerdo no cesaba de gritar en mi cabeza que «debería» ser para siempre) aunque ya no fuera una realidad.

Un día me descubrí en una encrucijada. Una parte de mí quería dejar atrás la historia y las emociones que me producía. Quería ser una Diosa Guerrera fuerte, centrada y poderosa que superara la pérdida y volviera al trabajo. Por un instante se me pasó por la mente: *¡debería superar esta situación de una vez! Ser la mujer espiritual, sagrada e imperturbable que se supone que soy. Debería cambiar. La gente espera que lo deje atrás y recupere mi alegría y mi optimismo habituales.*

Por suerte, recapacité, y fue la palabra *debería* la que me abrió los ojos. De pronto, recordé que me había pasado la mayor parte de mi vida sin ocuparme de mí al creer que debía cambiar y que mi historia debía ser otra. Sabía que para recuperarme realmente no debía ignorar la historia ni sepultarla en mi interior con afirmaciones o palabras espirituales, sino eligiendo escucharme de verdad. Aquel día me prometí que tardaría todo el tiempo que necesitara para recuperarme de la ruptura.

Y lo más sorprendente es que en cuanto me di permiso para afrontar plenamente la historia, empezó a afectarme menos. Me descubrí sintiendo una compasión inmensa por mí misma y por las personas que se habían separado de su pareja y que se sentían desoladas, confundidas y asustadas. Sentí el sufrimiento de la condición humana y la del corazón que ama con tanta intensidad. Sentí curiosidad por mi proceso curativo. Escuché lo que necesitaba en cada momento. Dejé de juzgarme diciéndome «deberías» y empecé a quererme incondicionalmente.

Al decidir afrontar mi historia en el presente en lugar de obligarme a cambiar o de negarla, acabó madurando y pude dejar de creer que «el matrimonio debía ser para siempre» y aceptar que volvía a estar sin pareja. Me prometí quererme más a mí misma y querer también mi historia, y este acto de aceptación me permitió recuperar mi poder. Ahora me sentía cómoda con mi propio ritmo y con el proceso de curación, y también era más afectuosa con cualquiera que estuviera lidiando con una ruptura, una pérdida o un miedo.

Lo que he aprendido es que cuando decimos «No debería sentirme de ese modo», estamos en realidad diciendo: «No debería haber vivido esta historia». Pero si observas con atención este pensamiento verás que te estás rechazando de nuevo, que la mente ha encontrado otra forma de decirte que *deberías* ser distinta. Es un detalle tan importante que vale la pena que te repitas en tu interior: «Siempre que me oiga decir "debería", respiraré hondo y me apoyaré a mí misma». Intenta poner en práctica el aceptarte a ti misma y aceptar tu historia con compasión, en lugar de juzgarte por ella.

Cuando somos conscientes de nuestras historias inmaduras y las amamos, advertimos lo que está ocurriendo en nuestra vida y tratamos nuestras historias interiores con la misma presencia y afecto con el que afrontaríamos un hueso roto o un corte. Sabemos que nos acabaremos curando, y que crear el espacio para que la situación madure requiere tiempo, compasión y estar dispuestas a adaptarnos a ella.

Las historias y sus efectos

Hay ocasiones en que una historia sin madurar es tan dolorosa que ni siquiera vemos las innumerables formas en las que la propia historia, y su falta de madurez, nos están afectando. Por ejemplo, en un taller de la Diosa Guerrera conocí a una mujer que al finalizar la clase se quedó en el aula para hablar conmigo. Tras conversar varios minutos, me dijo: «Todavía tengo la autoestima por los suelos. He probado muchas cosas, pero aún me cuesta una barbaridad sentirme mejor». Intuyendo que en su interior había muchos otros detalles que aún no había compartido conmigo, le ofrecí mi plena presencia y, abriéndole incluso más si cabe el corazón, le pregunté: «¿De dónde crees que te viene la autoestima baja?»

Los ojos se le empañaron y empezó a contarme su historia: «Todo empezó cuando era pequeña. Mi padre era militar y en nuestra casa había muchas normas. Yo siempre estaba rompiendo alguna. Cuando mi padre descubría que había quebrantado una, me llevaba a la habitación y decía que me iba a matar. Luego, me describía minuciosamente cómo lo haría. "Pero no vales ni el esfuerzo de matarte", apostillaba. Y entonces me dejaba ir. Creo que mi baja autoestima me viene de esto. Durante años estuve sintiendo que no me querían y que yo no valía nada», prosiguió. «Amaba a mi padre con locura y solo deseaba su aprobación.»

Respiré con ella y la cogí de las manos. Estaba intentando superar una historia muy traumática grabada en su psique. Lo siguiente que me preguntó fue: «¿Cómo puedo superarlo?» Y le respondí con sinceridad: «Es un trauma muy profundo y lo importante es que seas paciente contigo misma. No intentes recuperarte a toda prisa. Creo que lo mejor es que sigas sustentándote y queriéndote, siendo compasiva con la niña que eras en aquella época. Ámala, deja que sienta que la quieres en lugar de desear dejar atrás la historia. Acepta que tal vez lleves siempre a esa niña dentro, intentando sentirse valiosa, no cometer errores y no ser castigada. No la abandones».

Mirándola a los ojos y sintiendo que los míos se empañaban, le dije: «Ten en cuenta que esa historia no tuvo que ver contigo. Eres una mujer magnífica. Salta a la vista. Tu padre tenía su propia historia del pasado y sus traumas. No la conviertas en la tuya».

Mi interacción con esta joven ilustra un principio fundamental del camino de la Diosa Guerrera. Apoyarte a ti misma significa abandonar cualquier idea de lo que deberías estar sintiendo o siendo, para aceptar quién eres en el presente y el punto de tu vida en el que estás ahora. Significa aprender a quererte y aceptar todos tus sentimientos, en lugar de desear que desaparezcan. Es decir, amas tanto tu inmadurez como tu madurez en lo que respecta a quererte a ti misma. No hay nada que esté mal, tu historia, simplemente, tiene que madurar, y cuando eres paciente y compasiva contigo misma y con cualquier historia inmadura de tu vida tu compasión por los demás aumenta. Amar lo inmaduro y sustentar lo maduro te permite madurar de forma increíble, sin excepción, y sin desear que la situación fuera distinta.

Cómo maduran las historias

Cuando enseño sobre el poder de las historias, me suelen preguntar si hay algún modo de hacer que maduren antes. Aunque haya algunas cosas que podamos hacer (más adelante hablaré de ellas), lo esencial es que te quieras y aceptes tal como eres ahora. Es decir, en cuanto hayas reconocido una historia inmadura, procura quererte y aceptarte tal como eres en ese momento, y ello incluye aceptar la inmadurez de la historia. Cuando observas más a fondo una historia que está por madurar, ves que tiene una finalidad: la historia te ha ayudado a entender una situación de tu vida, aunque te haya hecho sufrir. Ver el aspecto positivo de tus historias te permite amarlas.

Para empezar a analizar cómo puedes hacerlas madurar antes, veamos de nuevo la metáfora de la fruta. Si un aguacate, una manzana o un plátano están verdes, hay varias formas de ayudarlos a madurar. Lo mismo ocurre con nuestras historias, una Diosa Guerrera tiene distintas herramientas a su disposición para ello.

Paciencia

La primera herramienta es la paciencia. Al igual que una fruta, las historias maduran de manera natural, con el tiempo, por sí solas. Cuando afrontamos una historia inmadura con una paciencia infinita y sincera, nos hacemos el regalo de dejar que el tiempo, y nuestra propia fe, nos vayan guiando para que la historia madure a nuestro propio ritmo. Significa que, al confiar en la gracia divina del momento oportuno, no intentamos forzar o acelerar el proceso de maduración. Simplemente, observamos la historia en el momento que surge y la aceptamos tal como es. No intentamos luchar contra ella, hacer que madure antes ni manipularla. La observamos sin más con amor y compasión.

Luz

La segunda herramienta es la luz. La fruta madura con el sol, y lo mismo les ocurre a nuestras historias. Yo solía dejar los tomates medio verdes que cogía del huerto sobre la mesa soleada de la cocina de mi casa, y me encantaba ver cómo iban adquiriendo un color rojo vivo a los pocos días. Puedes hacer lo mismo con tus historias: sácalas de la sombra y déjalas a la luz del sol. Escribe sobre ellas, coméntalas, deja que los demás las consideren y escuchen en lugar de embutirlas en los oscuros recovecos de tu mente. Llega hasta el fondo de tus historias y saca a la luz cualquier miedo que descubras en ellas. Sacarlas a la luz no significa censurarlas, avergonzarte por haberlas vivido o desear que no hubieran ocurrido, actitud que solo las mantendría ocultas en la oscuridad. Observarlas y aceptarlas sin juzgarlas hace posible que la calidez de la aceptación —la tuya o la de otras personas— penetre en las estructuras antiguas y las disuelva.

Espacio

La tercera forma de hacer que la fruta madure es metiéndola en una bolsa de papel. A medida que la fruta madura desprende etileno, una clase de gas. La bolsa de papel atrapa el etileno en el interior, acelerando la maduración. Algunas historias maduran con rapidez por medio de la quietud y el silencio; es decir, al usar el espacio del interior de la bolsa de papel para centrarte y recuperar la calma. Puedes hacerlo meditando, saliendo a dar largos paseos o pasando momentos en soledad. Tomarte el tiempo para desconectar, reflexionar y aclararte las ideas es una parte esencial para que tus historias maduren. Con la meditación y el silencio, la mente se sosiega y te resulta más fácil ver la historia por lo que es, de manera clara y racional.

Con frecuencia intentamos enterrar nuestras historias inmaduras bajo capas de ajetreo. Cuando te permites retirarte del mundo y bajar el ritmo, creas el espacio y la quietud necesarios para que las historias «duras» y «verdes» maduren. Les estás dando espacio para respirar. Procura sentarte en el porche y sentir compasión por ti y por tu historia. O sal a dar largos paseos e imagínate que abrazas la parte de tu ser que se siente herida. O haz un retiro silencioso durante varios días, sin intentar arreglar, cambiar o negar las historias inmaduras. Deja que la sabiduría natural que brota de las profundidades de la quietud ablande y coloree lo amargo.

Sangha

La última forma para hacer madurar una fruta es dejándola al lado de otra madura. La fruta madura ayuda a madurar la de su alrededor. Cuando pasas tiempo con personas «maduras», su madurez te ayuda a madurar. Recurre a personas que hayan vivido una situación parecida a la tuya o que sean más experimentadas que tú en el aspecto en el que estés trabajando. Sin duda, son de lo más valiosas. Cuando quieres llevar un cierto estilo de vida, alinearte con otras personas que vivan como tú aspiras a vivir va de maravilla.

Como muchas de vosotras ya sabéis, crecí en el sudeste asiático, donde la religión principal es el budismo. Uno de los tres principios fundamentales del budismo es la *sangha,* que se podría traducir como «grupo de personas con la misma mentalidad». La mayoría de las tradiciones espirituales son conscientes del gran poder transformador de la comunidad, ya que nos es más fácil hacer cambios en nuestra vida si otras personas que recorren el mismo camino nos apoyan y animan. De ahí que una *sangha* también te ayude a madurar tu propia historia.

Si deseas gozar de más abundancia en tu vida y tu antigua historia es de escasez, pasa tiempo con personas generosas que crean en ti. Si piensas que recibir más amor es el secreto para levantar la persiana y sacar tu historia a la luz, pasa más tiempo con gente afectuosa. También puedes ver vídeos o leer libros de personas maduras que comparten sus dones. Cualquier cosa puede ayudarle a tu cuerpo a madurar.

Y, por último, otro secreto para que tu historia madure es el perdón. Cuando perdonas a una persona o una situación dejas de seguir invirtiendo tu energía emocional en ella, eres libre de ser quien estás destinada a ser. En el siguiente capítulo hablaré del camino de la Diosa Guerrera del perdón. Pero, antes, me gustaría sugerirte algunas exploraciones para que puedas identificar y amar tus historias.

Sabiduría: recursos para tus historias

Dones

- Las historias que te cuentas te indican quién crees que deberías ser. Cuando aprendes a observarlas, vuelves a ser una narradora de historias dinámica y aprendes a cambiar de perspectiva.

- La compasión y la paciencia te ayudan a aceptar con amor tanto las historias maduras como las inmaduras.
- Aprendes a amar y aceptar todos tus sentimientos en lugar de desear no tenerlos.

Exploraciones

IDENTIFICA TUS HISTORIAS INMADURAS

Durante la siguiente semana, lleva encima un pequeño diario. En cuanto adviertas una historia, escríbela. Luego, cuando repitas la misma historia, añade una marca al lado, en tu diario. En cuanto te oigas diciéndote: «No debería haber vivido esta historia» o «Ya tendría que haberla superado», márcala con un asterisco al lado. Al final de la semana, observa cuáles son las historias con más marcas y asteriscos. Serán tus historias inmaduras.

BENDICE TU HISTORIA

Recuerda una historia que te cuentes en tu cabeza que ya no te sirva. ¿Cómo te hace sentir la historia? ¿Cómo te hace reaccionar? Proponte conocer la historia por dentro, observando lo que te hace sentir, y por fuera, analizando cómo actúas. Escribe en tu diario lo que descubras.

En cuanto hayas escrito la historia, imagínate que se trata de una persona atemorizada o confundida. Háblale a la historia como si estuviera viva. Apóyala. Abórdala con una presencia plena: «Hola, historia. ¿Cómo estás hoy? Veo que te sientes asustada y que has decidido que nada va a funcionar. Quiero que sepas que sé lo que sientes y que tienes todo mi apoyo». Escríbele una carta de amor a tu historia. O escenifícala con pasión, exagerándola como si fuera un drama épico maravilloso. O crea un altar para tu historia y adórnalo con flores y velas.

Al bendecir tu historia de una o varias de estas formas, la observas desde una cierta distancia. La ves desde otra perspectiva. ¿Qué has aprendido? ¿Qué sabiduría has descubierto en ella que te ayude a superarla?

SABIDURÍA FRUTAL

La próxima vez que estés en una frutería, sostén una fruta madura en una mano y una inmadura en la otra. Aprecia ambas frutas, la madura y la inmadura. Acéptalas por igual. Aunque parezca una tontería, te prometo que la práctica física de aprender a aceptar tanto la fruta madura como la inmadura te ayudará a estar presente en tus historias maduras e inmaduras.

3

La sabiduría del perdón

Mientras no perdones, seguirá ocupando un espacio gratuito en
tu mente, sea quien sea o lo que sea.

Isabelle Holland

Imagínate por un momento que vas a todas partes cargada con una bolsa de patatas de tres kilos. Y cuando digo a todas partes, es a todas partes. Al trabajo, al baño, al supermercado. Durante la primera semana o los quince primeros días, la bolsa te resulta pesada y molesta. Pero después las cosas empiezan a empeorar, porque las patatas acaban estropeándose y oliendo mal.

No sé a ti qué te parece, pero a mí la idea de ir a todos lados cargada con una bolsa de tres kilos de patatas blanduzcas, malolientes y podridas me parece malísima. Y la mayoría de las mujeres que conozco nunca harían tamaña insensatez. Pero lo curioso es que muchas van por la vida llevando a cuestas un pesado fardo de heridas emocionales, rabia, juicios y resentimiento hacia los demás y hacia ellas mismas.

La sabiduría del perdón, dirigida a los demás y a uno mismo, es un acto de amor propio que te permite soltar la bolsa maloliente de patatas enmohecidas y pringosas. Este es uno de los capítulos más importantes del libro, ya que si aprendes la sabiduría del perdón y la practicas tu mundo cambiará radicalmente de unas formas que nunca podrías imaginar. Empezaremos la lección del perdón analizándolo a través de los atributos de la Diosa Guerrera.

Una guerrera perdona porque no quiere cargar con nada que le quite ligereza. Reconoce que guardar rencor o culpar a los demás solamente le hace daño. Sabe que a veces es necesario contraatacar, pero solo lo hace como último recurso. Una guerrera quiere ser libre del pasado para avanzar liviana y viajar a donde desee, sin temer con quién o con qué se topará en el camino. Se perdona a sí misma y perdona a los demás por lo sucedido en el pasado, aprendiendo de la vida y adaptando sus acciones de acuerdo a ello.

Una diosa perdona porque quiere gozar del espacio interior para amar. Sabe que sentirse herida por los actos inconscientes de otro, o por las palabras poco acertadas, crea pesadumbre en su interior y una barrera que le impide amar. El perdón disuelve el estancamiento interior del dolor y la limpia por dentro para poder encarnar la compasión y la paz. Una diosa quiere celebrar cada momento, y por eso se perdona a sí misma y perdona a los demás por lo ocurrido en el pasado, abriendo su corazón a las imperfecciones y al dolor de los humanos, suavizándose a medida que avanza por la vida y eligiendo el amor por encima de la venganza.

Estos son los ideales del perdón de una Diosa Guerrera, de modo que los iremos recordando a lo largo del capítulo. Pero, primero, veamos en qué *no* consiste el perdón.

En qué no consiste el perdón

Perdonar no significa que seas una blandengue y dejes que alguien te pisotee por haberle «perdonado». El perdón verdadero no es esto, y el camino de la Diosa Guerrera, tampoco. El perdón es un estado activo del ser, y no uno pasivo, y cuando lo vemos de este modo también tenemos claro cómo queremos proceder con la persona implicada. Es decir, elegir perdonar también puede significar fijar límites o poner fin a una relación. No olvides, Diosa Guerrera, que también puedes perdonar a alguien y decirle adiós al mismo tiempo.

Uno de los aspectos más difíciles del perdón es que los demás tienen derecho a decidir lo que les plazca (aunque estés en desacuerdo o incluso te horroricen sus elecciones), y también sabes que tú tienes derecho a decidir lo que quieras. El perdón, como las historias de las que he hablado en el capítulo anterior, también tiene una fase de maduración. El perdón está maduro cuando ves que has elegido cargar con el saco de patatas podridas y que ahora estás lista para soltarlo. El perdón no está maduro cuando aún te estás recuperando del dolor emocional, te crees la historia o te aferras a tener razón (o a estar equivocada).

Al igual que sucede con tus historias, es importante honrar la madurez de tu perdón. Si no estás preparada para perdonar y te obligas a hacerlo por creer que «deberías», o por pensar que eso es lo que significa ser una «persona espiritual», no estarás perdonando de verdad, simplemente forzarás la situación. Una Diosa Guerrera no actúa así. No olvides que nos aceptamos, queremos y respetamos aunque no estemos aún preparadas para perdonar, y que también reconocemos estar cargando con un saco de patatas todo el tiempo hasta que decidamos soltarlo.

Para recalcar lo que he señalado antes, si has sufrido abusos sexuales o maltratos psicológicos, no quiero que creas que debes perdonar a la otra persona y dejar que siga abusando de ti. Hacerlo sería decidir maltratarte al permitir que se siga dando un patrón repetitivo en tu vida. Date el permiso para alejarte de esa relación o fija unos límites. Busca ayuda si es necesario. Hay muchos grupos de apoyo y centros a los que puedes recurrir que se ocupan de la violencia doméstica.

Falsedades sobre el perdón

En los talleres dirigidos a mujeres que he impartido durante los últimos años he advertido un puñado de falsedades que nos impiden perdonar. Las llamo falsedades porque al analizarlas más a fondo descubrimos que vienen de viejas historias que nos impiden evolucionar en el camino de la Diosa Guerrera. Las analizaré una por una.

Si le perdono, estaré aprobando su conducta

Perdonar a alguien no implica estar de acuerdo con sus decisiones o sus acciones. Significa que ves que cualquier persona, incluida tú, a veces tomáis malas decisiones y actuáis de un modo que hace sufrir a los demás. Aunque no estés de acuerdo con su conducta, perdonar la situación rompe el círculo vicioso de los juicios y el castigo que solo perpetúa las acciones inconscientes. Al perdonar a alguien, reconoces la humanidad de la otra persona y haces posible la curación, en lugar de demonizarle y perpetuar el dolor.

Antes de perdonarle, tiene que disculparse

Esperar que alguien te pida perdón por su conducta es como estar agarrando por el mango de hierro una sartén caliente y decirle a la otra persona que la suelte. «¡Me estás haciendo daño!», exclamas, «Pídeme perdón para que me sienta mejor». Pero, en realidad, te estás aferrando a una experiencia que te está lastimando y haciendo sufrir. Para perdonar a alguien no hace falta que aceptes su conducta, ni tampoco que te pida perdón.

Es tremendamente liberador dejar ir de tu psique a alguien que te ha hecho daño con sus actos, pese a su negación, su ira o su conducta. Recuerda que está sufriendo por dentro, por eso te ha hecho sufrir a ti. Cuando sueltas la sartén caliente del pasado y perdonas a la otra persona, aunque se niegue a disculparse, dejas de seguir quemándote dolorosamente.

Perdonar a alguien pese a su estado de conciencia es una forma de separarte de esa persona. Sois dos individuos. Él es libre de comportarse como le plazca. Y tú también. No sigas sufriendo al vincular su decisión a la tuya. Abre la mano, no sigas aferrándote a la historia y deja que tu amor te cure la herida.

Tengo derecho a estar dolida y no se merece que le perdone

Cuando alguien te hace daño, tienes todo el derecho a estar resentida y dolida. Lo que esa persona ha hecho es terrible. Pero ¿quieres pasarte todo el día en este estado? Ten en cuenta que cada vez que piensas en ella, oyes su nombre, o bien os topáis en la tienda de la esquina o en un evento social sientes una punzada de dolor, pena o resentimiento.

Nuestro diálogo interior suele tomar esa dirección: yo tengo razón, la otra persona está equivocada. Yo soy la víctima, y él (o ella), el verdugo. Yo soy buena, y él, el malo. Esta actitud de «blanco o negro» te hace creer que llevas razón y que ves la situación con claridad al no dejar espacio para los grises matices entre ambos extremos. Pero dicotomías como la de «correcto» e «incorrecto» y «bueno» y «malo» solo aumentan nuestro sufrimiento. Para tener «razón» nos vemos obligadas a seguir siendo las víctimas, sintiendo las emociones negativas de esa historia continuamente, y fijándonos en todas las formas en las que nos han hecho daño. Para que la otra persona siga estando «equivocada», nos vemos obligadas a fijarnos solo en que nos ha traicionado y lastimado, en lugar de tener también en cuenta su inconsciencia. Este modo de pensar no es inclusivo y, en el fondo, impide que tanto tú como los otros implicados superéis la situación.

Lo que me hicieron fue tan atroz que es imperdonable

Es comprensible que a algunas mujeres les cueste lo indecible superar algunas acciones horrendas, pero la sabiduría del perdón incluso es vital en estos casos. Lo vi con claridad meridiana en un taller reciente de fin de semana que impartí sobre la Diosa Guerrera. En él, Betsy, una de las asistentes, compartió su larga historia de abusos sexuales, emocionales y físicos, que culminaron cuando sufrió una violación en su juventud. Todas nos estremecimos al oír su historia, pero Betsy se mantuvo serena y pensativa. Cuando otra de las asistentes le observó que le llamaba la atención que estuviera tan tranquila, Betsy repuso: «No siempre he estado así, te lo aseguro, pero en un momento de mi vida vi que quería liberarme del pasado. No quería seguir llevándolo conmigo. Y la única forma de hacerlo era perdonando y reconociendo que había sobrevivido a la experiencia, y que podía progresar en la vida y aprender a usar las dificultades del pasado para ser más compasiva y afectuosa». El perdón de Betsy le ha permitido soltar el pesado lastre de los abusos sufridos y salir adelante, centrándose en cómo quiere vivir cada día de su vida.

Al tener en cuenta todas las falsedades de las que he hablado, es importante recordar que perdonas por ti y no por el otro.

Como mujeres, solemos cargar silenciosamente con las heridas emocionales de la opresión y la inconsciencia, o arremeter contra el otro, reaccionando como un animal acorralado cuando nos hieren. Si no intentamos resolverlo, al ir reviviendo repetidamente en nuestra mente el daño que nos han hecho y negarnos a perdonar la injusticia, podemos acabar convirtiéndonos en mujeres amargadas, resignadas y cerradas en banda. Mujeres que van a todos lados con la pesada mochila de las preguntas sin resolver: *¿Por qué? ¿Por qué? ¿Por qué?* Acabamos viviendo de cara al pasado y de espaldas al futuro.

El perdón nos permite encarar el futuro con la mirada clara y las manos abiertas. Cuando perdonamos, nos desprendemos del pesado fardo e invertimos nuestra energía en cuidarnos, aprendiendo de nuestros errores y de los ajenos, y tomando nuevas decisiones.

El perdón es un arte que se aprende, y lo mejor es empezar a practicarlo con las pequeñas ofensas, para ir ganando habilidad y aprender así a perdonar más adelante cosas más importantes.

Pequeños perdones

Cuando pensamos en el perdón, a la mayoría de las personas les viene a la cabeza situaciones que generan resentimientos enconados o que las hacen sufrir o traumatizan enormemente. Sin duda, es vital examinar esas situaciones y conseguir perdonarlas, pero también quiero que apliques el arte de perdonar en pequeños contratiempos. Como Diosas Guerreras, queremos llegar hasta el final y apartar de nuestro camino cualquier obstáculo que nos impida llevar una vida serena en el presente, por pequeño que parezca.

Hazlo siendo consciente de lo que yo llamo «oportunidades para pequeños perdones». Fíjate en situaciones que te irriten, te creen resentimiento o te frustren. Escucha lo que te dices a ti misma:

- ¡Cómo se atreve a cruzar la calle ante mí sin mirar!
- ¡No me puedo creer que mi compañero de trabajo no haya terminado a tiempo la parte del informe que le correspondía!
- ¡¡¡Han cancelado mi vuelo, es inaudito!!!
- ¿Por qué mi pareja no me ha llamado? ¿Acaso no sabe que me preocupo enseguida?

Parecen reacciones tan normales que ni siquiera las vemos como una situación perdonable. Pero lo asombroso es que cuando empezamos a practicar el perdón de esas pequeñas formas, además de vivir el día a día con más serenidad, aprendemos a perdonar cosas de mayor peso con más facilidad. Pero al igual que ocurre con la autocensura del capítulo uno, al elegir ver la situación con la mirada del perdón, entrenamos la mente para que aprenda a perdonar en lugar de sentirse resentida y superior moralmente. Por ejemplo:

- Tiene derecho a cruzar la calle cuando quiera. Le perdono.
- Mi compañero de trabajo se ha retrasado y no ha terminado el informe a tiempo. Le perdono.
- La compañía aérea ha cometido un error y ha cancelado mi vuelo. La perdono.
- Mi pareja tiene todo el derecho a llamarme o no. Le perdono.

Practicar estos pequeños perdones es como aprender lo básico para tocar el piano o la guitarra. A base de práctica, te saldrá como si nada. En cuanto le cojas el tranquillo, la música de la serenidad fluirá de tu corazón a lo largo del día, sea cual sea el obstáculo que aparezca en tu camino.

Grandes perdones

La práctica de los pequeños perdones tiene mucho que ver con la de los grandes perdones. La única diferencia es que la primera consiste en perdonar los pequeños contratiempos diarios. Y la segunda, en estar dispuesta a perdonar a la vida.

La práctica de perdonar a la vida significa que perdonamos todas las expresiones frustrantes, incontrolables y demoledoras que vemos al poner el telediario y contemplar la destrucción de las guerras, cuando descubrimos en la carretera un animal arrollado, y al enterarnos de que un desastre natural ha provocado un sufrimiento inmenso y la pérdida de vidas, ya que si no prestamos atención podemos dejarnos llevar por la rabia, la tristeza o la desesperación ante esta clase de incidentes, y crear una historia de víctimas y villanos de nuevo. Cuando nos ocurre, vemos el mundo como un lugar horrendo en lugar de un lugar bondadoso. Nos olvidamos de que todos los seres están recorriendo su propio camino y que no podemos entender por completo todas las vueltas y giros que da la vida, o por qué esta se desarrolla como lo hace. Una y otra vez, tanto de formas pequeñas o importantes, practicamos el perdón advirtiendo cuándo nos negamos a aceptar una situación y dejando de desear que hubiera sido distinta.

Practicar los pequeños y grandes perdones no significa quedarte de brazos cruzados sin cambiar algo que es posible cambiar, o que no sientas empatía por los que sufren. Al contrario, desarrollas una habilidad que te permite aceptar lo inevitable, perdonar a la vida por ello y ayudar a los que sufren sin dejarte consumir por el pesar. Ya que, cuando dejas que la pena o la lástima te abrumen, no puedes ser de demasiada utilidad.

La culminación de la práctica del perdón se da cuando convergen estos dos caminos paralelos: perdonar los pequeños contratiempos una y otra vez, y cultivar la sabiduría de perdonar a la vida. Cuando practicas los pequeños y grandes perdones hasta el punto de convertirlo en un hábito, te transformas. De pronto te descubres aceptando la vida tal como es, en ese momento, y sientes a la vez que no es necesario perdonar nada.

Cuando dejas de querer que la vida sea como esperas y deseas, la niña frustrada, enfurruñada o victimizada que eras se convierte en una persona mayor sensata y madura. No me estoy refiriendo a que ames todo lo que la vida te depare, sino a tu *disposición* de navegar por las aguas con otra actitud. En lugar de reaccionar a una situación inesperada que te ha pillado por sorpresa exclamando: «¡Cómo se atreve la vida / Dios / esa persona a hacerme esto!», lo afrontas con la sabiduría de tu corazón abierto de par en par. Y la sorprendente verdad es que al final, si entrenas tu mente para perdonar de esta forma, no habrá nada que perdonar, porque te darás cuenta de que no es algo personal.

Este es el camino del perdón de la Diosa Guerrera. Lo inicias siendo paciente contigo misma cuando no estás preparada aún para perdonar. Lo sigues recorriendo al advertir en qué aspectos quieres perdonarte más a ti misma y perdonar a los demás. Y perdonándolo también todo, porque sabes que así te curarás y sanarás el mundo. Y lo finalizas transformándote de manera suave y gradual, hasta llegar al punto de no necesitar perdonar nada nunca más.

Sabiduría: recursos para el perdón

Dones

- Una Diosa Guerrera perdona porque no quiere cargar con ningún lastre.
- El perdón es todo un arte que exige paciencia, práctica y compasión.
- Cuando perdonas, dejas de revivir el pasado y giras en redondo, dirigiéndote al futuro con la mirada clara y el corazón abierto.

Exploraciones

PERDONA CONVERSANDO

Para este método del perdón necesitas un muñeco de peluche y estar dispuesta a soltar antiguas emociones.

Elige una persona a la que desees perdonar. Si no estás preparada, espera, no intentes hacer esta práctica hasta sentirte al menos un poco predispuesta a ello. Esta inclinación no implica que sepas cómo hacerlo, solo que estás preparada para abrir la puerta a nuevas posibilidades.

Elige un muñeco de peluche (o incluso una piedra) para que represente la persona a la que deseas perdonar. Siéntate con el muñeco de peluche colocado sobre una silla, frente a ti, y dile: «Quiero perdonarte. Estoy dispuesta a aprender a perdonarte». Comparte luego cualquier cosa que te impida perdonarle. ¿Qué temes que ocurra si le perdonas? ¿Por qué quieres seguir castigándole? Expresa cualquier emoción que surja: solloza, grita, patalea, llora. Respira. Suelta todo lo que has estado guardando dentro.

El perdón exige su tiempo. Si es necesario, lleva al muñeco de peluche contigo, o procura visitarlo a menudo y mantén tantas conversaciones con él como te hagan falta para sincerarte y cambiar la energía.

PERDONA A LOS DEMÁS

El perdón es un músculo que va fortaleciéndose con el tiempo. El siguiente método te ayudará a hacer innumerables pequeñas repeticiones para aumentar tu capacidad esencial de perdonar.

Contesta a las siguientes preguntas en relación con otras personas, responde el cuestionario relacionado con cada persona que todavía te haga sentir mal. No pienses demasiado sobre cada pregunta, solo respóndelas con la mayor sinceridad posible desde el punto de tu vida en el que ahora estés y no desde el que te gustaría estar. Si aflora alguna emoción, no la reprimas, observa simplemente el sentimiento y fíjate en si puedes ver dónde reside en tu cuerpo y la sensación que te produce.

1. ¿Con quién te sientes resentida o enojada? ¿Por qué? Escribe el nombre y un breve comentario de la razón por la que estás disgustada con esa persona. Por ejemplo, podrías decir lo siguiente: *Tom, me ha sido infiel.*

2. ¿Estás preparada para intentar perdonarle? Recuerda que en este caso no hay una respuesta acertada o errónea. Asómate a tu interior y averigua si estás lista para intentar perdonarle. La palabra *intentar* es muy importante en este contexto, significa que tal vez no lo consigas aún. Y si todavía no estás preparada para intentarlo, está bien. Si estás preparada, escribe algo como lo siguiente: *Estoy preparada para perdonar a Tom por haberme sido infiel.* Si no estás preparada, escribe algo como: *Aún no siento que pueda perdonar a Tom por haberme sido infiel.*

3a. Si *estás* preparada para intentar perdonarle, responde a esta pregunta: ¿por qué quiero perdonarle? Es decir, ¿qué ganarás con ello? Tómate un momento para escribir lo que el perdón significa para ti y por qué te gustaría cultivarlo en tu vida.

3b. Si aún *no estás* preparada para intentar perdonarle, contesta a esta pregunta: ¿por qué no quiero perdonarle? Es decir, ¿qué ganas si no le perdonas? Escribe por qué sigues aferrándote a esos sentimientos. ¿Te sirven de algo? No significa que no esté bien aferrarte a ellos; la pregunta es, simplemente, para que veas lo que esta actitud te está aportando.

Ahora que sabes cuáles son las personas a las que quieres perdonar y por qué deseas hacerlo, si estás preparada para intentarlo, fíjate en lo que sientes cuando piensas en las personas a las que no quieres perdonar hoy, frente a las que quieres perdonar. ¿Qué distinta sensación te producen en el cuerpo? ¿Qué emociones sientes cuando piensas en estos dos grupos diferentes de personas?

Los siguientes ejemplos del perdón proceden de la comunidad de la Diosa Guerrera:

He perdonado a mi mejor amiga por la noche en que la encontré en la cama con el hombre del que creía estar enamorada. Me dolió y estuve alejada de ella durante un año, pero ahora volvemos a estar unidas. Me alegro enormemente de tenerla de nuevo en mi vida. Sin duda, es mi alma gemela, y ese tipo hace ya mucho que se fue. También le he perdonado. Me enseñó a ser fuerte. Me siento de lo más poderosa por lo que aprendí en esa relación.

* * *

Mi exmarido suplantó mi identidad financiera y le robó dinero a los clientes en el negocio que teníamos. El año pasado me estuvo mintiendo con elaborados subterfugios y distracciones. Cuando lo descubrí, mi hijo mayor tenía tres años, y el pequeño, uno y medio. Ahora, el mayor ya tiene dieciocho y el benjamín casi diecisiete. No confío en mi ex. Pero le he perdonado, porque gracias a esa experiencia he conseguido muchas cosas maravillosas. De seguir con él me las habría perdido. Estoy orgullosa de quién soy y de la vida que ahora llevo, y si me hubiera seguido aferrando a lo que me hizo no la habría conocido.

* * *

Perdonar a miembros de mi familia me ha ayudado a recuperarme y a avanzar en mi propio camino. Ahora gasto menos energía en sufrir dándole vueltas a lo que ocurrió. Aprovecho toda mi nueva energía en cosas positivas, como en mantener la mejor relación posible con ellos, evitando al mismo tiempo mantener una relación basada en fantasías o en ignorar las limitaciones debidas a la trayectoria vital de mi gente.

Cuando notes que estás juzgando o culpando a alguien, hazte esta pregunta: ¿qué sensación me produciría el perdón en este caso? Tal vez no te llegue una respuesta en el acto ni te caiga del cielo el deseo de perdonar, pero estarás abriendo nuevas vías en tu ser para conseguirlo con el tiempo. Sigue explorando en tu interior, haciéndote preguntas y escuchando.

Un poco más adelante recitaremos el mantra del perdón si estás dispuesta a intentar perdonar. Pero antes quiero hablar de otra persona que necesita que la perdones: tú misma.

PERDÓNATE

Hazte las mismas preguntas de antes en los aspectos en los que estés dolida contigo misma por alguna razón.

Si echas la vista atrás, ¿en qué áreas o situaciones de tu vida crees haber «fracasado» o haberte machacado? Recuerda que, al igual que la autocensura que analizo en el capítulo uno, puedes estar resentida contigo misma de manera solapada y sutil. Además de los incidentes más evidentes que te vengan a la mente, asegúrate de observar a fondo las pequeñas historias de fracasos que te echas en cara y revives de vez en cuando.

En cuanto hayas identificado los aspectos en los que estás resentida contigo misma, aquieta tu mente un momento y pregúntate: «¿Estoy preparada para intentar perdonarme en todos esos ejemplos?» Al igual que has hecho en la sección anterior, escribe si estás lista para perdonarte o no. Estos son algunos de los ejemplos compartidos por la comunidad de la Diosa Guerrera:

Le fui infiel a mi exmarido. Estoy preparada para intentar perdonarme.

No acabé la carrera y pienso que soy una nulidad por ese motivo. Estoy lista para perdonarme.

Estoy preparada para perdonarme por ir detrás de hombres que no me quieren.

Estoy lista para perdonarme por mis problemas con la comida.

Estoy preparada para perdonarme por todas las cosas que me decía sobre mí y en las que tanto creía, pese a ser absolutamente falsas y destructivas.

Me casé con un hombre sin saber que era alcohólico y la impresión que causó en mi hijo pequeño fue horrible. Estoy lista para intentar perdonarme.

Le di mi poder a otra persona creyendo que lo haría mucho mejor que yo, me daba miedo asumir esa responsabilidad. Ahora estoy preparada para perdonarme por ello.

Estoy lista para perdonarme por no tener una pareja en la vida. Me perdono por creer que tengo que hacerlo todo sola.

Repite las preguntas de la sección anterior por cada acto del pasado que hayas estado usando para no aceptarte o quererte. ¿Cómo te sientes cuando piensas en los aspectos en los que no quieres perdonarte? ¿Cómo te sientes al pensar en los aspectos en los que *estás* lista para perdonarte? ¿Te producen una sensación distinta en el cuerpo? ¿Qué emociones sientes cuando piensas en los dos distintos grupos?

MANTRA DEL PERDÓN

Si hay algunos aspectos en ti o en los demás que aún no te ves capaz de perdonar, está bien. Como Diosa Guerrera, amas lo maduro y lo inmaduro. En cuanto a las personas y las situaciones que ya estés lista para intentar perdonar, ha llegado el momento de empezar a hacerlo.

Empieza escribiendo una afirmación de perdón dirigida a la persona que deseas perdonar. Di qué es lo que le quieres perdonar. Aquí tienes algunos ejemplos:

> Te perdono, _____, por _____. Ya no quiero sentir ningún peso en mi corazón. Suelto todo mi resentimiento por este asunto y te deseo, _____, que encuentres la paz interior.

Lee la afirmación anterior en voz alta. Tal vez al principio te parezca poco sincero perdonarle. Pero por eso te he sugerido que lo «intentes».

Escribe, luego, la misma afirmación en relación contigo.

> Me perdono por _____. Ya no quiero sentir ningún peso en mi corazón. Suelto mi resentimiento por este tema y deseo encontrar la paz interior.

Si eres como yo, tal vez descubras que cuando perdonas a los demás también te perdonas a ti. Ocurre porque cuando estás resentida con alguien también lo estás contigo misma. Y cuando dejas de estar resentida con los demás también estás dispuesta a perdonarte a ti.

Por ejemplo, pongamos que estás disgustada con alguien porque te ha mentido. Seguro que recuerdas un momento del pasado en el que tú también mentiste. No importa si su mentira fue «peor» que la tuya, la cuestión es que, mientras estés resentida con esa persona, lo estarás también contigo misma por haber hecho lo mismo en alguna otra ocasión.

¿Cómo puedes perdonarla? Viendo quizá que te mintió por miedo, dolor, debilidad e inconsciencia, y aceptando que así era esa persona en ese momento. Ten en cuenta que no significa que vayas a creerte lo que te diga en el futuro, tal vez te pongas los límites de no hacerlo. La perdonas cuando ves que te ha mentido y que de nada te sirve seguir dolida. Ves la mentira por lo que es y sabes que tú también has mentido alguna vez en el pasado. Lo esencial es que ya no le deseas ningún mal por haberlo hecho. Ves cómo es esa persona y ya no te afecta. Esto es el perdón en acción. A medida que domines el perdonar, empezarás a desearle lo mejor.

4

La sabiduría de las disculpas

Actuar correctamente en el futuro es la mejor disculpa
por las malas acciones del pasado.
Tryon Edwards

Ahora que he tratado la sabiduría del perdón y que sabes que practicarla es bueno para ti, los demás y el mundo, ha llegado el momento de analizar la sabiduría de las disculpas, ya que en este sentido las mujeres, en especial, necesitamos cambiar el chip. Yo era una de ellas. Me disculpaba si alguien tropezaba con mi pie y me sentía responsable de ello, y también si alguien de mi entorno tenía un mal día. El hábito de disculparse por todo es muy habitual en las mujeres, y todavía me descubro de vez en cuando disculpándome sin darme cuenta. Por ejemplo, el otro día casi empiezo mi blog pidiendo disculpas por no haber escrito en él antes.

¿Te pasa a ti lo mismo?

Muchas mujeres que conozco también adquirieron este hábito arraigado a una edad temprana. Aunque es comprensible si tenemos en cuenta que la historia religiosa predominante de la creación en nuestra cultura achaca abiertamente a una mujer la expulsión del paraíso de las generaciones futuras. ¡Vaya! Es como si nos hubiéramos estado disculpando y pidiendo perdón desde entonces.

Hasta las mujeres que conozco que no acostumbran a disculparse verbalmente por cada menudencia descubren que se sienten mal o se culpan por cosas de las que no son responsables. Como, por ejemplo, la ansiedad, la tristeza, o a veces incluso los actos de los demás. Tanto si eres una mujer que se disculpa de viva voz como si te sientes responsable en tu fuero interno, el inicio de este capítulo está dedicado a reconocer y abandonar las formas en las que te disculpas. Será tu siguiente parada en el camino de la sabiduría de la Diosa Guerrera.

La clave para dejar atrás este hábito, y todos aquellos que no te hacen ningún bien, está en las palabras *advierte* y *observa*. Cuando adviertes u observas algo, significa que lo haces sin juzgarlo y sin intentar cambiarlo (aún). Eres como una científica estudiándote a ti misma, y esta observación objetiva te permite ver lo que haces, cuándo lo haces y por qué. La atención es el primer paso para cambiar.

Recuerda, no naciste disculpándote o sintiéndote responsable de los demás, sino que has adquirido esta costumbre con el tiempo. Cuando te percatas de tus acuerdos y tus actos inconscientes, sin juzgarlos, percibiéndolos simplemente por lo que son, en ese instante, llena de curiosidad, los puedes cambiar y te transformas. A medida que te das cuenta a lo largo de la semana de todas las naderías por las que te disculpas, o que te sientes responsable de los resultados o la felicidad de los demás, pregúntate: «¿De qué me estoy disculpando realmente?» y «¿Por qué me siento responsable de ello?» Profundiza y explora los acuerdos esenciales que has formulado.

Por ejemplo, mientras me observaba, sintiendo curiosidad por saber por qué me disculpaba, descubrí un antiguo acuerdo que había formulado: «No está bien incomodar a nadie con lo que digo o hago, debo complacer a todo el mundo». Observé que a veces intentaba, sin darme cuenta, pasar desapercibida y contener mi energía para no disgustar o afectar a alguien, y todo por tratar de contentarle, aunque significara hacerlo a mis expensas. Otro de mis viejos acuerdos que saqué a la luz fue: «Debo intentar solucionar los problemas de los demás», y me sentía mal y me culpabilizaba cuando fracasaba. Como nadie puede solucionar los problemas ajenos, acabé sintiéndome fatal en muchas ocasiones. ¿Alguno de estos dos acuerdos tan arraigados te resulta familiar?

En general, lo más probable es que no descubras al instante tus acuerdos más profundos, y está bien. Sigue sintiendo curiosidad, haciéndote esta pregunta, observando tu conducta y tus reacciones, y percatándote de lo que haces con tu cuerpo y tu energía cuando te disculpas. Si descubres un viejo acuerdo velado, sácalo a la luz del día. Deja que madure o usa la inmadurez como medicina. Incluso la fruta dura y amarga tiene su valor.

Tu compasión, tu amor y tu presencia son el calor que activa el proceso de maduración o la calidez de la comprensión y la paciencia que acepta con afecto tu inmadurez. Tanto la madurez como la inmadurez se han de respetar y honrar como maestras e incluso como amigas.

Si acostumbras a disculparte a sabiendas o sin darte cuenta, fíjate en los momentos en que lo haces. Sé curiosa. ¿Cuándo y en qué ocasiones te disculpas sin siquiera darte cuenta? No intentes cambiar nada, obsérvate solo mientas interactúas con la gente. Y si no eres de las que se disculpan verbalmente, fíjate en cuándo intentas arreglar un problema que no has causado tú y responsabilizarte de él. No significa que no intentes ayudar a los demás cuando te sea posible, pero percátate de cuándo intentas solucionar una situación, resolver un problema o hacer que alguien se sienta de una cierta manera cuando tal vez no te corresponda a ti o no esté en tu mano hacerlo.

Las buenas disculpas

Hay momentos en los que unas buenas disculpas —tanto si intentas enmendar un entuerto como expresar que lo sientes— son muy útiles. En cuanto seamos conscientes de que nos estamos disculpando y detengas la pérdida de energía de disculparte o sentirte responsable de todo, desde respirar hasta ocupar un espacio, verás cuándo es apropiado disculparte y, además, lo harás de todo corazón.

A mi entender, hay tres ejemplos en los que es bueno decir «lo siento», y aprender cuándo y cómo hacerlo es el secreto para responsabilizarte y ser dueña de tus actos. Ser una Diosa Guerrera significa asumir tus acciones, lo cual implica a veces pedir disculpas por tus actos o expresar que lo sientes. Y no olvides que fustigarte no es lo mismo que ver cuándo has dicho o hecho algo que debes corregir. En el primer caso te estás fustigando a ti misma, y en el segundo, te estás queriendo. Como te quieres y te respetas, eres capaz de querer y respetar a los demás. Es decir, te responsabilizas de aquello de lo que *eres* responsable.

Veamos algunas maneras de pedir perdón de todo corazón. Hay tres ejemplos en los que disculparte o expresar que lo sientes es adecuado. Nos disculpamos cuando:

1. Hemos hecho algo que ha afectado negativamente a otros.

2. Queremos expresar que lo sentimos.

3. Queremos disculparnos de todo corazón por un acto que hemos cometido.

Es importante estar atenta para ver cuándo pides perdón a sabiendas y cuándo lo haces sin darte cuenta para apaciguar a alguien, ya que en el segundo caso te estarás menoscabando.

Hemos hecho algo que ha afectado negativamente a otros

En el primer ejemplo te «disculpas» de corazón para reparar un error tuyo que ha afectado a alguien. Pongamos que chocas sin querer con alguien y le manchas la vestimenta con la bebida que llevas. Son situaciones que se dan en el momento, porque tú, como todo el mundo, cometes errores (¿recuerdas aquella afirmación del capítulo uno?). En esta clase de disculpas reconoces que eres humana y que estás intentando arreglar la situación. Si lo que has hecho ha afectado a otra persona, no es necesario que te castigues sin cesar o que te rebajes ante ella. Simplemente, respira hondo, mírale a los ojos, conecta con su corazón y dile: «Lo siento». Mantén el contacto visual. Respira. Obsérvate.

En ese tipo de situaciones recuerda, sobre todo, que no eres responsable de cómo *reaccione* la otra persona a tu error. Por ejemplo, si sin querer le manchas a alguien el traje con tu bebida y te disculpas enseguida, pero la persona te espeta: «¡Fíjate por dónde vas! ¡Me has arruinado la noche!», sabes que esa reacción es cosa suya. No es tu problema. Tú no tienes por qué responder a esta provocación ni sentirte responsable del resto.

El ejemplo de la bebida derramada es sencillo, pero en el caso de situaciones en las que están involucrados seres queridos somos proclives a responsabilizarnos más de lo debido. Por ejemplo, tengo una amiga que tuvo que quedarse a trabajar hasta muy tarde inesperadamente al enfermar una compañera de trabajo, por lo que no pudo llevar en coche a su hija adolescente a un evento social. Le pidió perdón, pero su hija le soltó: «¡Es increíble que me hayas hecho esto. ¡Nunca puedo hacer nada! ¡Eres una madre horrible!» Mi amiga me llamó muy disgustada. Se sentía responsable del disgusto de su hija, pero juntas analizamos aquello de lo que era o no responsable. Su deber en esa situación era poner comida en la mesa, lo cual significaba que su trabajo era más importante que la agenda social de su hija (o que su reacción exagerada).

Queremos expresar que lo sentimos

Decir de corazón «Lo siento» es también un bálsamo para el alma cuando alguien comparte contigo la situación difícil por la que está pasando. Le estás reconociendo con tus palabras las dificultades y el sufrimiento a los que se enfrenta, estás presente para esa persona y le expresas tu compasión. Una disculpa del tipo «Te entiendo, sé por lo que estás pasando, honro agradecida la riqueza de la condición humana» crea conexión e intimidad, y ensancha los corazones.

Hace poco mantuve una conversación íntima con un amigo que me confesó estar destrozado por la muerte de su hermano. Sentí su pesar, mi compasión por él y mi propia pena por situaciones del pasado. Respiré hondo y, mirándole a los ojos, le dije: «Lo siento». No intenté hacer que su dolor desapareciera o disminuyera, ni le hablé de mi propio dolor. En esos momentos lo que la gente quiere es que estés presente, no que seas su cuidadora ni que aproveches la ocasión para airearle tus propias desgracias. Cuando les expresas un profundo «Lo siento» con una presencia total, les ofreces el regalo de estar percibiendo y sintiendo el estado en el que se encuentran.

Como Diosa Guerrera, es importante ver la diferencia energética entre disculparte como expresión de tu responsabilidad personal y decir que lo sientes como reconocimiento del pesar ajeno. En el último caso, al no ser responsable de la situación, transmites una energía compasiva, estás compartiendo el momento difícil de otro ser humano.

Cuando somos conscientes de nuestra humanidad estamos dispuestos a empatizar con las vivencias de pena, dolor y pérdida que nos conmueven a todos. Mientras vivamos en un cuerpo humano, no nos libramos de la sagrada inexorabilidad de la muerte, la vejez y las enfermedades, ni tampoco de tragedias inesperadas. Pero en lugar de permitir que esas vivencias nos causen miedo o pavor, dejamos que nos vacíen por dentro para poder contener más amor, gratitud y respeto por los ciclos de la vida.

Permítete sentir el dolor y la pena de los demás mientras respiras a través del corazón y te abres. No minimices ni dramatices su experiencia. Déjales ser en el estado en el que están en ese momento. No hay nada malo, ni nada que solucionar. Practica el abrirte incluso más aún para honrar a los seres que están sufriendo o lidiando con situaciones parecidas.

Queremos disculparnos de todo corazón por un acto del pasado

Hay también casos, sobre todo los que he citado en el ejercicio del perdón de antes, en los que, al recordar tus actos o palabras del pasado, sabes en tu corazón que erraste sin darte cuenta. Tal vez ya te hayas perdonado, pero como Diosa Guerrera quieres no solo superarlo, sino también reparar el daño que has causado en el mundo. De este modo, gracias a lo que yo llamo un profundo «Lo siento» expresado de todo corazón, te despojas del antiguo lastre del pasado. El secreto está en intentar asumir tus actos, esperando reparar lo máximo posible cualquier daño causado.

La clave en este caso es estar preparada para hacerte cargo de lo que hiciste. Pero también procuras no responsabilizarte de las reacciones de la otra persona. Para conseguirlo, cíñete a los hechos cuando estés lista para perdonar, y así no interpretarás el incidente según el criterio de la otra persona. Recuerda que en el fondo no sabes cuál es su punto de vista. Por ejemplo, déjale claro: «Te mentí por esto o aquello y lo siento». O: «Te dije o hice esto y aquello y no debí haberlo hecho». Estos son los hechos y punto, te centras en ellos en lugar de extenderte en interpretarlos.

Cuando te disculpes, también es importante hablar solo de tus actos y no de los del otro. Tampoco quieres ofrecer excusas por tu conducta. Por ejemplo, si dices: «Siento haber hecho esto y aquello, pero si tú hubieras hecho esto o aquello, no habría reaccionado así», es un ejemplo de lo que se conoce como disculpa «condicional» y no sale del corazón. Si solo estás dispuesta a disculparte con una condición, significa que aún no estás lista para hacerlo. Y no pasa nada, pero te sugiero que no te disculpes hasta que la historia que tiene que ver con ella haya madurado.

Disculparte puede abrir puertas nuevas y sorprendentes en tu vida. Cuando tenía veinticuatro años hablé mal de alguien de nuestra comunidad con quien estaba muy disgustada. En aquella época no le di demasiada importancia, pero me enteré de las consecuencias veinte años más tarde, al mandarle un correo electrónico disculpándome por haberle dejado en mal lugar públicamente en el pasado. Me respondió escribiéndome una larga carta en la que me contaba que mucha gente de su entorno le había hecho el vacío y vilipendiado por lo que yo había dicho de él. En aquella época me sentía impotente y no vi el efecto que mi ira le produjo y cómo afectaría a nuestra comunidad y a su vida. Le llamé y le di las gracias por compartir conmigo las consecuencias de mis represalias irresponsables y mis palabras tóxicas, y le pedí perdón de nuevo de corazón. Hace poco me topé con él y tuvimos una conexión emocional y una conversación de lo más cordial. No sacamos el pasado a relucir y sentí que los dos agradecíamos muchísimo el bálsamo de unas disculpas dadas de corazón y aceptadas plenamente.

En último lugar, hay casos en los que unas disculpas directas no son útiles o posibles. Por ejemplo, si disculparte hará sufrir más a la persona con la que intentas enmendar las cosas, es mejor dejarla en paz. O, si abordar a alguien te puede causar más dolor y sufrimiento, es preferible descartar la idea. Tengo una amiga que rompió con un novio que la maltrataba, y aunque sentía que le debía una disculpa por ciertas cosas que había hecho, ambas acordamos que no era bueno para ella tener ningún contacto más con él. Si la persona ha fallecido y no puedes pedirle disculpas, tal vez puedas zanjar el asunto celebrando un ritual a modo de disculpa. (Véase la sección «Exploraciones» al final del capítulo para las instrucciones de cómo llevarlo a cabo.)

Dependiendo de la situación, disculparte de todo corazón puede ser una de las conversaciones más difíciles de mantener. Pero cuando es necesario, tienes que armarte de valor y hacerlo. Lo esencial de estos tres ejemplos de disculpas adecuadas es que, como Diosas Guerreras, seamos conscientes de nuestras acciones y del sufrimiento de los demás, y usemos las palabras sensatamente para expresar que lo sentimos o para responsabilizarnos de nuestros actos. Al perdonar a los demás y, ante todo, a nosotras mismas entramos en un estado energético en el que ofrecemos disculpas o manifestamos de manera consciente que lo sentimos en lugar de hacerlo por hábito o maquinalmente.

Sabiduría: recursos para las disculpas

Dones

- Disculparnos sin ton ni son agota nuestra energía y nos rebaja.
- Las mujeres nos disculpamos por todo sin darnos cuenta, hasta por existir.
- Aprender a disculparte es una forma de quererte y de responsabilizarte de tus actos.

Exploraciones

EL JUEGO DE NO LO SIENTO / LO SIENTO

Durante una semana más o menos, observa cuándo dices «Lo siento» sin darte cuenta. No intentes cambiar de conducta, solo repara en cuándo lo piensas o lo dices en voz alta. Pregúntate: «¿Por qué estoy pidiendo perdón?»

Practica luego el no disculparte. Probablemente te sentirás incómoda, pero si te sientes mal o como una desalmada, no te desanimes. Sigue analizando cómo te sientes si dejas de pedir perdón hasta por respirar. Cada vez te resultará más fácil, y pronto te sentirás más cómoda gracias a esta nueva actitud.

Los siguientes ejemplos proceden de la comunidad de la Diosa Guerrera. ¿Con cuál te identificas?

- El otro día me disculpé con mi amiga cuando tuvo un reventón circulando por el sendero de entrada de mi casa.

- Siempre me estoy disculpando por mi aspecto.

- Cuando las amigas vienen a verme, me disculpo por el estado en el que está mi casa, aunque la tenga impecable.

- De niña, todo el tiempo me disculpaba mentalmente por la conducta de mi padre, y ahora me disculpo por los actos de mi marido, ¡como si yo tuviera la culpa!

La segunda parte del ejercicio es intentar ver cuándo es beneficioso pedir unas buenas y sinceras disculpas. Discúlpate ante el espejo por las formas en que te has traicionado, abandonado o herido. Cuando cometas un error que afecte a otra persona, discúlpate plenamente, mirándole a los ojos, de corazón a corazón. Di de verdad «Lo siento» cuando alguien esté sufriendo. Respira luego y ofrécele tu plena presencia (u ofrécetela a ti). No es necesario nada más.

RITUAL DE PEDIR DISCULPAS

Los rituales son sumamente curativos al combinar los símbolos y la acción física para ayudarte a abandonar y eliminar energías antiguas del inconsciente, y te guían para que descubras en qué quieres centrarte.

Este ritual de pedir disculpas puedes hacerlo a solas, con otra persona (un amigo, un ser querido, un progenitor o un hijo) o en grupo (tu círculo femenino, tu grupo de amigas, tu familia). Adáptalo con toda libertad según tus propias necesidades.

Reúne los siguientes objetos:

- Una vela
- Cerillas
- Un trocito de papel cuadrado
- Un bolígrafo

- Un bol con agua
- Un bol resistente al fuego

1. Enciende la vela y siéntate en quietud unos momentos, desconecta y mantente presente plenamente.

2. Cuando te sientas preparada, escribe aquello por lo que te quieres disculpar. Sostenlo luego entre las manos y siente el deseo sincero de pedir disculpas.

3. Deja el papel debajo del bol con agua.

4. Usa el agua para lavarte las manos; imagínate que estás eliminando las circunstancias que causaron tu acción o cualquier emoción: culpabilidad, miedo, inconsciencia, vergüenza, reproches.

5. Di en voz alta: «Con esta agua me libero de mi culpabilidad y la dejo ir».

6. Sostén el papel en el que has escrito tus disculpas y di en voz alta: «Pido perdón por mi conducta y espero aprender del pasado con amor y vivir con una mayor atención y presencia en el futuro».

7. Dale la vuela al papel y escribe en el envés lo que has aprendido y qué distintas elecciones harías ahora.

8. Quema el papel diciendo: «Transformo estas disculpas en claridad y curación», y déjalo en el bol resistente al fuego.

9. En cuanto las llamas se hayan apagado, impregna un poco de ceniza en la punta de un dedo y póntela sobre el corazón.

Imagínate que inhalas la lección y la transformación que el ritual te ha ofrecido.

Si lo realizas con otra persona: sigue los pasos anteriores, pero cuando compartas tus disculpas y lo que has aprendido, háblale directamente a la otra persona, haciendo contacto visual y captando qué es lo que necesitáis compartir.

Si lo realizas en grupo: sigue los pasos anteriores, pero dejando que cada una de vosotras comparta, en medio del círculo, vuestras disculpas y lo que habéis aprendido, para escuchar las disculpas dadas y las lecciones aprendidas. Si lo deseáis, una de vosotras, de pie, puede «recibir» las disculpas y decir: «Te las acepto».

SEGUNDA PARTE

AUTENTICIDAD

La autenticidad no es algo de fuera que intentas alcanzar, te sale de dentro. No te vuelves auténtica comportándote correctamente o siendo espiritual o buena, sino aceptando tu vulnerabilidad y tu torpeza, y haciendo tuyos tus superpoderes. Te vuelves auténtica cuando aceptas y amas el punto de tu vida en el que estás, sobre todo en los momentos en los que algo no encaja con la imagen de lo que crees que «debería ser». El camino de la Diosa Guerrera te muestra cómo recorrer el camino de la mismidad encarnada.

El artista Miguel Ángel dijo que para crear sus esculturas simplemente eliminaba con el escarpelo las partes sobrantes de la piedra. Como artista de tu propia vida, revelar tu yo auténtico se puede describir como remangarte, agarrar tus herramientas y eliminar con el escarpelo lo que te sobra. A veces esta labor es difícil, agotadora y sucia, y otras parece inútil, como si nada cambiara o no hubiera resultados visibles. Pero cuando vislumbras el oro de tu esencia en el interior de la dura roca de tus juicios sobre ti y tus miedos sabes que vas por buen camino.

Te acompañaré avanzando a tu lado, paso a paso, en el camino de la Diosa Guerrera para que accedas a tu yo auténtico. Te tomaré de la mano en el sentido metafórico y compartiré contigo lo que a mis alumnas y a mí nos ha funcionado. Pero para ver los resultados que sé que deseas tienes que estar dispuesta a ir hasta el fondo, ensuciarte y eliminar con diligencia y paciencia lo que no forme parte de ti.

Aunque parezca mucho pedir, en realidad el primer paso es relajarte. Sí, para sacar a la luz tu yo auténtico probablemente tendrás que hacer algún trabajo duro, molesto y expuesto, pero antes que nada presta atención a lo primero que te viene a la mente: ¿pretendes liberarte interiormente reprimiéndote, castigándote y juzgándote? ¿Se siente tu cuerpo relajado, excitado y anhelante, o tenso y envarado? Recuerda, el camino de la Diosa Guerrera consiste en apoyarte con amor y paciencia a lo largo de este trabajo interior, y no castigarte o reprenderte para alcanzar los resultados.

Imagínate que eres una escultora como Miguel Ángel y que tu vida es como un bloque de piedra. Mientras alzas el martillo para empezar a sacar esquirlas, nota también cualquier parte de ti que esté asustada: *¿Y si no puedo hacerlo? ¿Y si cometo un error?* Sonríele a esta parte tuya y di: «Cariño, sé que estás asustada, pero lo conseguiremos». Imagínate que abrazas con fuerza esta parte tuya asustada, y que me oyes a mí y a tus compañeras exclamando: «¡Puedes hacerlo!» Cierra los ojos e imagínate la sensación que te produce en el cuerpo ese apoyo, confianza, paciencia y compromiso. No rechaces ninguna parte de ti que se sienta insegura o asustada. Acepta también estas partes de tu ser. Recupera la autoestima afrontando esos viejos miedos y prometiéndote seguir progresando de todos modos. Siente tu gran paciencia y deseo de percatarte de estas partes tanto tiempo como sea necesario para liberar tu yo auténtico.

En último lugar, dota a tu cinturón de herramientas de un cierto encanto celebrando tu propia revelación. Esta es tu vida. ¿Por qué no convertir tu liberación en una fiesta? ¡Espérala entusiasmada!

5

El respeto auténtico

Piensa que los problemas son parte inevitable de la vida,
y cuando lleguen, mantén la cabeza bien alta. Míralos a los ojos
y di: «Seré más fuerte que vosotros. No me venceréis».

Ann Landers

Como mujeres, muchas compartimos la historia personal de no ser auténticas en cuanto a lo que realmente somos y lo que queremos. He oído a muchas decir: «Me he desvivido tanto por ser lo que creía que debía ser que ya no sé ni siquiera quién soy».

La autenticidad no es algo que te pones encima como si fuera un vestido nuevo deslumbrante que te hace sentir y parecer de una cierta manera. «¡Mira, ahora llevo la autenticidad! ¿Me sienta bien?» ¡No! La autenticidad es mirarte al espejo y ver tu belleza, tu pena, tu valor, tus rarezas y tus miedos con el mayor respeto por el ser humano maravilloso que eres. La autenticidad también se puede describir como el deseo de averiguar quién eres en el fondo, aceptando todo cuanto descubras, y manifestar tanto tu esencia como tus peculiaridades humanas en el mundo sin avergonzarte ni ocultarlas. Ser una mujer auténtica y consciente no es fácil, yo lo considero como el viaje de la heroína. Hay muchas bestias interiores con las que trabar amistad y numerosos obstáculos intimidantes que superar. Dejar que tu parte auténtica brille en el mundo significa estar dispuesta a plantar cara a los terrores del abandono, de no caerle bien a la gente y de hacerlo mal.

Si eres como muchas mujeres que conozco, recordarás innumerables momentos del pasado en los que te mordiste la lengua, no respetaste tus necesidades ni fuiste sincera. Se debe sobre todo a la educación que las mujeres recibimos. En el mundo occidental nos enseñan a permanecer en segundo plano, a no entrometernos, a claudicar y anteponer los deseos de los demás a los nuestros. Cuando vemos este hábito antiguo y arraigado en tantas mujeres —son abnegadas, dejan que los demás decidan por ellas o intentan encajar a toda costa—, entendemos por qué tantas acaban en situaciones en las que no se respetan a sí mismas.

La primera lección de la autenticidad consiste en cultivar el respeto por ti misma y en usarlo como herramienta para transformar cualquier miedo que te esté impidiendo ser la mujer que deseas, que es sinónimo de quién estás destinada a ser.

La definición de la Diosa Guerrera de la palabra *respeto* es más amplia y profunda de cómo la sociedad actual interpreta y entiende este término. Desde el punto de vista de una Diosa Guerrera, se puede decir que nos respetamos a nosotras mismas, a los demás o una situación cuando nos vemos con claridad a nosotras mismas, a la otra persona o la situación. Dado que el miedo es el obstáculo principal que nos impide ver las cosas con claridad, dejamos de respetarnos cada vez que nuestros miedos dominan nuestras percepciones o controlan nuestros actos. Aunque esto no significa que cuando nos respetamos no sintamos miedo a veces. Pero sentir miedo es muy distinto a dejar que el miedo dicte nuestras acciones.

Lo más curioso es que cuando cultivas el respeto de la Diosa Guerrera dejas de ver tus miedos como obstáculos y, lo creas o no, incluso puedes acabar esperando con ilusión descubrir aquello que temes para danzar en medio de tus miedos en lugar de huir despavorida. Cuando lo afirmo en mis talleres y charlas, me suelen preguntar: «¿Cómo nos propones que dancemos en medio de nuestros miedos? ¿Acaso no es una frivolidad no tomarse estas cosas en serio?»

No estoy siendo frívola con este tema. En realidad, antes me tomaba las cosas en serio, muy en serio. Pero mi actitud no me traía los resultados deseados. Creía que de esta manera me emplearía a fondo y descubriría cómo hacerlo todo «bien», por lo que evitaría cualquier experiencia o resultado desagradable. Pero lo cierto es que pecar de seria es una experiencia desagradable en sí misma, porque te cierras en banda en vez de abrirte y explorar. Te fijas en lo malo y evitas afrontar tus miedos en lugar de celebrar lo bueno y superar lo que te asusta. Es un cambio radical en tu modo de pensar y de ser, y cuando lo realizas la transformación que se da en tu vida es igual de radical.

No estoy sugiriendo que reprimas tus sentimientos o finjas no tener miedo para mantener las apariencias. Este no es el camino de la Diosa Guerrera, sino el de la muñeca Barbie. Y aunque esta muñeca sea muy popular por su sonrisa permanente y sus pechos respingones, también es rígida por fuera y está vacía por dentro. Cuando negamos lo que sentimos, incluidos nuestros miedos, nos convertimos en muñecas de plástico huecas por dentro, en máscaras sin esencia alguna.

El camino de la Diosa Guerrera consiste en implicarte plenamente tanto en las bondades como en las dificultades de la vida, y en ver que ambas existen para que evolucionemos. Bailemos, pues, con estos dos aspectos de la vida, porque, sea lo que sea lo que nos ocurra, todo está bailando con nosotros. Cultivar un respeto auténtico nos permite vencer nuestros miedos en lugar de dejar que nos engullan.

Hay tres ámbitos en los que puedes cultivar el respeto en lugar de dejarte arrastrar por el miedo: en las situaciones de la vida, y en tus relaciones con los demás y contigo misma.

En las situaciones de la vida

Como más aprendo en la vida es viviendo una experiencia en mis propias carnes. Y aunque suela ser didáctico, no siempre es agradable. Como se puede ver, por ejemplo, en mi relación con la hiedra venenosa, que fue la que sobre todo me enseñó a ver las situaciones con respeto y claridad. Antes vivía en los bosques del norte de California, rodeados por esta conocida enredadera que crece en racimos de tres hojas. No me fijé en la planta hasta que me senté sobre una, literalmente, mientras hacía pis en medio de las matas. Durante los diez días siguientes no pensé más que en el aspecto venenoso de la hiedra.

Después de recuperarme, me pasé el mes siguiente temiendo tocar una sin querer. Ese miedo fue avivado por mis amigos y por los desconocidos que compartieron generosamente conmigo sus historias horrendas sobre la planta. Me obsesioné con evitarla, y el lugar tan bonito y relajante donde vivía se llenó de pronto de cosas verdes y hostiles, que esperaban abalanzarse sobre mí con sus irritantes armas. Hasta evitaba tocar a mis perros por si mi enemiga se escondía agazapada en su pelaje. Siempre que salía a caminar por el bosque u orinaba en la maleza, iba con cien ojos.

Una mañana, al ir a hacer pis de puntillas en la maleza, con los ojos abiertos de par en par, girando la cabeza de un lado a otro como una cierva en estado máximo de alerta, vislumbré de repente lo que estaba haciendo y me partí de risa. ¡Estaba aterrada por una plantita verde! «¡No puedo seguir así!», me dije en voz alta. Me pasé los dos días siguientes observando los pensamientos y las reacciones que la hiedra venenosa me producía. Me estaba tragando las historias de que, en cuanto tu piel entra en contacto con la hiedra venenosa, te vuelves cada vez más sensible a sus toxinas. No dejaba de darle vueltas en mi cabeza a las historias más horrendas sobre la planta trepadora. Me imaginaba un mundo plagado de sufrimiento físico.

Estaba hecha un manojo de nervios y sabía que tenía dos opciones: podía refugiarme en el seguro hormigón de una ciudad o plantarle cara a mis demonios de la hiedra venenosa.

Mientras caminaba por el sendero, decidí enfrentarme a mi enemiga. En medio del fresco aire otoñal, las hojas de la hiedra venenosa resaltaban por su vivo color rojizo y los árboles me salpicaron con sus hojas amarillo anaranjado. Encontré una buena mata de hiedra venenosa de aspecto lozano y me senté ante ella. Me incliné para verla más de cerca.

Posando mis ojos en la planta, le pregunté: «¿Cómo puedo dejar de tenerte miedo?»

Mientras me abría para captar alguna información o percepción, me acordé de una historia sobre los indios americanos en la que ingerían un trocito de hoja de una hiedra venenosa joven para volverse inmunes a la toxina de la planta. No estaba dispuesta a arriesgarme a hacer lo mismo, pero quería inmunizarme contra mi miedo. ¿Qué debía digerir?

Mientras miraba de hito en hito a la planta, comprendí cuál era el antídoto: el respeto.

Tenía ante mí una planta que hacía temblar a los humanos con solo oír su nombre. ¡Qué poderosa! Era una enemiga merecedora de mi respeto y atención.

Le hice una reverencia, me sacudí la ropa al levantarme y seguí andando para orinar entre las matas. Pero ahora, en lugar de temblar de miedo, me sentía iluminada por dentro con el poder del respeto y el saber. Al poco tiempo, me enteré de que los remedios naturales para las toxinas irritantes de las plantas venenosas de nuestro mundo vegetal siempre crecen en los alrededores. Las hojas de artemisa, los taninos de las hojas de roble y el llantén alivian la irritación y ayudan a neutralizar el efecto del urushiol, el fitoquímico de la hiedra venenosa causante de los picores. Y estas plantas medicinales crecen en el mismo hábitat que sus parientas venenosas. Para mí supuso una gran lección: cuando abordo una situación con respeto en lugar de con miedo, veo las opciones que existen en medio de los obstáculos.

A partir de ese día nunca volví a tener ningún problema con la hiedra venenosa, y me moví por el bosque con la confianza y la presencia de una guerrera. Observando la situación con una mirada respetuosa, vi que en realidad era la *historia* en sí sobre la hiedra venenosa que me contaba en mi cabeza y no la propia planta lo que me hacía vivir temiéndola. Hasta que me enfrenté con ella y cambié de narrativa, mi mente no dejó de dar vueltas a sus efectos temibles, me sentía fatal. Es otro ejemplo de cómo nuestras historias, tanto las cortas del presente como las novelas largas del pasado, dictan nuestra experiencia si se lo permitimos. Hasta que no se nos abren los ojos, creemos que las historias que nos contamos son fijas e inalterables, que representan con fidelidad la realidad. Las historias nos atrapan hasta que advertimos que somos nosotros los que las creamos. Cultivamos el respeto para entrar en el presente viendo con claridad cualquier historia espantosa que nos estemos contando sobre el mundo.

Como a una querida amiga mía le gusta decir: «El 99 por ciento de mis peores días nunca han ocurrido, salvo en mi cabeza». Esta sabia observación refleja el poder del miedo, porque nos engullirá si se lo permitimos. Lo que olvidamos en esos momentos espantosos es nuestro poder innato. Y decidir afrontar con respeto una situación en lugar de dejarnos llevar por el miedo nos permite ver que siempre tenemos una elección. Cuando vemos las cosas con la mente despejada, aprovechamos el poder de nuestros recursos interiores, de nuestra creatividad y sabiduría. La próxima vez que estés en una situación difícil y te dejes dominar por una historia espantosa, pregúntate qué necesitas para afrontarla con respeto. Como, por ejemplo, dejar de sentirte impotente y ver que tienes una serie de opciones reales.

Siente respeto en lugar de miedo cuando interactúas con los demás

Elegir cultivar el respeto en lugar del miedo cuando interactúas con los demás es una de las cosas más difíciles. Muchos mensajes de la sociedad nos transmiten que para «ganarnos el respeto» debemos luchar, o al menos desear hacerlo, con uñas y dientes. Pero elegir siempre luchar no es el camino del respeto de la Diosa Guerrera, como lo ilustra la siguiente historia.

En una ocasión, mientras un poderoso maestro de aikido caminaba solo por una calle oscura, se le acercaron dos tipos. Percibiendo sus intenciones hostiles, dio media vuelta y huyó a todo correr. Cuando compartió la historia con sus alumnos, se quedaron pasmados: «¿Por qué no se enfrentó a ellos, maestro? ¡Les habría dado una buena paliza sin ningún problema!», dijeron. A lo que el maestro, sonriendo bondadosamente, repuso: «Lo esencial de vuestro entrenamiento no es luchar siempre, sino enfrentaros de la forma más eficaz posible a cualquier encuentro difícil. Y en este caso, lo mejor era huir».

La lección que se debe extraer de esta anécdota es que ejercitar el respeto de la diosa Guerrera al interactuar con los demás no significa vivir siempre en modo de lucha. El respeto de la Diosa Guerrera está relacionado con aprender a ver con claridad cualquier situación y actuar de la manera que le parece más auténtica. Es la clase de respeto que te permite reconocer el miedo y trabajar con él, en lugar de dejar que te manipule y controle.

Hay situaciones en las que, como es natural, debemos hacernos valer y luchar por nuestras necesidades adecuadamente. Por ejemplo, en una ocasión asesoré a una mujer que se sentía presionada mental y emocionalmente por un socio que pronto iba a dejar de formar parte de la compañía. Se sentía indefensa y ninguneada, y los intercambios acalorados que mantenía con él habían ido subiendo de tono hasta el punto de que le daba miedo relacionarse con su socio, cada vez que lo hacía se sentía más agotada y desvalida.

Mientras charlábamos en la sala de estar de su casa, abarrotada con imágenes y estatuas de los caballos que amaba, se achicó en el sillón al hablarme de él. A medida que seguimos conversando, me enteré de que también era una gran adiestradora equina especializada en rehabilitar a caballos maltratados. La animé a compartir conmigo su pasión, y cuando empezó a contarme su larga historia con aquellos animales magníficos vi cómo dejaba de tener miedo y volvía a ser la mujer poderosa y fuerte de siempre. Al detectar una oportunidad para extraer una lección, le pregunté sobre su especialidad.

—Me has contado que cuando trabajas con un caballo maltratado, al principio te planta cara y te amenaza con atacarte. ¿Cómo reaccionas tú? —le pregunté.

—Me mantengo en calma, centrada, sin recular. Sé que el caballo está asustado y que se revuelve contra mí por miedo. Actúa así porque lo maltrataron en el pasado.

—¿Qué pasaría si retrocedieras o te acobardaras?

—El caballo lo notaría y se volvería más agresivo y violento.

—Pero si mantienes la calma y la fuerza interior, el caballo aprende a respetarte.

—Sí —repuso brillándole los ojos—. Eso es exactamente lo que tengo que hacer con mi antiguo socio.

Creo firmemente que todos tenemos las respuestas en nuestro interior, a veces solo necesitamos que un amigo o un consejero nos ayude a encontrarlas. Cuando empezamos a conversar, mi amiga estaba paralizada por el miedo, se veía como una víctima indefensa en un callejón sin salida. Pero a lo largo de la conversación vio que ya sabía lo que tenía que hacer.

En este caso, ver a su antiguo socio con los ojos del respeto significaba ver a un hombre atemorizado que la atacaba verbalmente para intentar salirse con la suya. Estaba reaccionando de la única manera que conocía, intentando acosarla y obligarla a hacer lo que él le pedía. Cuando mi amiga se dio cuenta, se sintió empoderada y decidida a no ceder.

Respetar a alguien no significa que tengas que estar de acuerdo con esa persona; significa verla claramente como realmente es y responder en consecuencia, teniendo presente que tú también tienes poder y opciones. Me gustaría señalar que, en este caso en particular, mi amiga conocía bien a ese tipo y no se sentía amenazada físicamente por él (si se hubiera sentido amenazada, lo más adecuado habría sido llamar a la policía, el respeto también consiste en esto).

Cuando te topes con una persona difícil, si en lugar de tener miedo afrontas la situación con respeto dejarás de reaccionar como siempre, y la percibirás y actuarás de otro modo. Respetar al otro te permite respetarte a ti y respetar tus facultades, aprovechando la fuente infinita de sabiduría y de ingenio creativo de tu interior.

Trátate con respeto y no con miedo

Decidir tratarte con respeto en lugar de con miedo es más difícil que hacerlo con los demás y en el día a día, y es comprensible si tenemos en cuenta que muchas mujeres se hablan a sí mismas de un modo que no se permitirían hablar con nadie. A medida que vas cultivando cada vez más el respeto auténtico con el que una Diosa Guerrera se trata a sí misma, tu primera parada será observar los dos obstáculos más importantes en este sentido: la autocensura y la prepotencia.

La autocensura frente a la prepotencia

En el camino de la Diosa Guerrera ya he señalado que es muy importante advertir si te estás censurando y dejar de hacerlo en cualquier sentido. En cuanto al respeto, se puede decir que te menosprecias cuando piensas que eres de algún modo «menos que» o que no eres tan valiosa o importante como otras personas. Cuando tienes esta actitud, estás desdeñando tus opiniones, percepciones y creencias. Te planteas lo que los demás quieren sin pensar demasiado en cómo te afectará o qué es lo que necesitas o deseas. Es un problema muy común en las mujeres, pero ahora ya sabes que ser una Diosa Guerrera significa saber lo que quieres, cómo te sientes y que quién eres importa. Significa que puedes negarte a algo, decir lo que piensas sin tapujos y decidir y actuar teniendo en cuenta tus propias necesidades en lugar de darle más importancia a las de los demás.

La prepotencia es lo opuesto, pero también es una actitud errónea. Cuando eres prepotente te crees mejor que los demás, o que tu presencia, acciones, opiniones, puntos de vista y creencias son más importantes que los de la persona que tienes delante (ya sea físicamente o en tu mente). Como a las mujeres nos cuesta a veces reconocer la trampa de la prepotencia, piensa por un momento en si eres prepotente en cualquier sentido. Más adelante te lo ilustraré con un ejemplo de mi propia vida. Lo esencial es tener en cuenta que cuando te respetas de verdad no eres irrespetuosa con nadie.

La prepotencia y la autocensura son en realidad las dos caras de una misma moneda. Ambas tienen que ver con el miedo. La autocensura genera miedo directamente, y la prepotencia es, en el fondo, miedo acumulado bajo el ego. Siempre que creemos que alguien es más o menos importante que otra persona, no estamos viendo el mundo o el universo con claridad, porque todos somos igual de valiosos. Sin salvedades. Cuando vemos que todos somos iguales por naturaleza y que las opiniones, los deseos y las necesidades de los demás también son importantes, sentimos un respeto auténtico por nosotros mismos y por los demás (incluso por las personas con las que disentimos). Cuando lo entiendes y lo practicas, te respetas y respetas a los demás de manera natural.

Te ilustraré con un ejemplo cómo el autorrespeto se manifiesta en nuestras vidas y cómo se dan las trampas de la autocensura y la prepotencia.

Al cabo de varios meses de empezar a salir con un hombre comprendí que yo deseaba mantener una relación más profunda e íntima que la que él quería. Al principio de nuestra relación, los dos nos estábamos recuperando de una ruptura amorosa y solo queríamos quedar para pasárnoslo bien y estar juntos de vez en cuando, cuando ambos lo necesitábamos. Pero algo cambió en mí y vi que deseaba una relación de pareja en lugar de ser solo amantes. En el pasado tal vez hubiera ignorado esta discrepancia sobre lo que ambos queríamos, esperando que él cediera a mis deseos algún día. Pero sentía que no era bueno para mí seguir con esta actitud. Para respetarme de verdad debía decirle que quería algo más, y que, como a él no le apetecía, prefería que fuéramos solo amigos en lugar de amantes. Una parte de mí no quería confesárselo, pero sentí que debía hacerlo para ser fiel a mí misma. Para respetarme y respetar el vínculo que mantenía con él. Así que decidí mantener una buena amistad con ese hombre y buscar a mi media naranja en otra parte.

Antes me habría dicho mentalmente, con una actitud prepotente: «Haré que se enamore de mí», o «Debería amarme, no sabe lo afortunado que es de tener una mujer como yo». O, censurándome a mí misma, podría haber pensado: «¡Nunca se enamorará de alguien como yo!», o «Es mejor que me conforme con lo que tengo, nunca me saldrá una pareja». Pero ambas actitudes vienen del miedo y no del respeto. Respetándote de verdad, pregúntate: «¿Qué quiero realmente en esta situación?» Y cuando sepas la respuesta, actúa respetando tus decisiones, te lleven adonde te lleven. Y respeta también el punto de vista de la otra persona. Es una situación en la que todos salís ganando. Tú ganas porque respetas realmente tu verdad. Y la otra persona gana porque se entera de tu verdad en lugar de esconderte tras una máscara. Respetarte a ti misma y ser auténtica quizá te cueste a la corta, pero a la larga os ahorrará a todos los implicados muchos dramas, malentendidos y confusión.

No olvides, además, que en lo que respecta a decidir lo que TÚ quieres no hay respuestas buenas o malas. Si tus preferencias personales van en contra de los deseos de tu familia, de tus amigos o incluso de las normas sociales, procura al máximo no juzgarte, compararte con los demás o sentirte victimizada por el mundo. Juzgarte por sentirte de una determinada manera no es respetarte, sino maltratarte.

Desde el punto de vista de una Diosa Guerrera, empiezas a respetarte cuando ves que te estás valorando y siendo tú misma al escuchar con todo tu ser tu verdad innata y seguir diligentemente su guía y su sabiduría sagrada interior, te lleve adonde te lleve, en lugar de intentar ser la persona o aquello que los otros creen que deberías ser.

Concluiré esta sección sobre cómo una Diosa Guerrera se respeta a sí misma con un minicredo. Escríbelo en un pósit y pégalo en alguna parte visible de tu casa como recordatorio diario:

Como Diosa Guerrera, de forma auténtica...
Respeto mis decisiones.
Respeto mi cuerpo.

Respeto mis dones.
Respeto mis virtudes.
Respeto mis defectos
y
respeto mi sabiduría.
Y haré lo mismo con los demás.

Ahora que has creado una base nueva y sólida de respeto en tu interior, te revelaré un secreto: el respeto es solo el comienzo de la autenticidad. La autenticidad verdadera surge de un lugar de tu interior que apenas te imaginas, de un lugar carente de palabras y formas. En el próximo capítulo descubrirás la verdadera base de la autenticidad interior: la quietud.

Autenticidad: recursos para el respeto

Dones

- Cuando respetas tus miedos, te vuelves valiente y lúcida.
- Respetar a los demás te da paz interior, aunque no estés de acuerdo con alguien.
- La autenticidad es el viaje del despertar interior en el que compartes tanto tu cordial esencia como tus peculiares rarezas.

Exploraciones

CULTIVA EL PROPÓSITO DEL RESPETO

Escribe una lista en un papel o mentalmente de aquello que sueles temer en la vida, desde la precariedad económica hasta a tu suegra, padecer cáncer o perder el trabajo.

Pregúntate a continuación: ¿cómo puedo aplicar el respeto en esta situación? ¿Cuál es la naturaleza esencial del respeto en esta situación?

La próxima vez que te descubras sintiendo ese conocido miedo relacionado con ese tema, trata de centrar tu propósito en el respeto en vez de permitir que el miedo tome las riendas y te menoscabe. Descubre de dónde viene el miedo, llega hasta el fondo de la situación. No fuerces nada. Sé una guía afectuosa contigo misma y deja que la parte tuya que «está asustada» vea la realidad desde una perspectiva más amplia en la que tienes elecciones.

ALIMENTA EL AUTORESPETO

Es otro ejercicio en el que irás progresando paso a paso. En primer lugar, reúnes la información, y después analizas cómo harás los pequeños ajustes que te llevarán a grandes transformaciones.

Empieza por escribir una lista de los aspectos propios que respetas. Empieza cada frase con «Respeto...» Escribe lo primero que te venga a la mente sin corregirlo.

Como, por ejemplo:

Respeto mi tenacidad.
Respeto que soy una buena escuchadora.
Respeto mi compasión.
Respeto mi capacidad para amar.
Respeto mi forma de ver las cosas.

Escribe ahora una lista de los aspectos que no respetas de ti. Empieza cada frase con: «No soy respetuosa conmigo misma cuando...». Escribe lo primero que se te pase por la cabeza sin corregirlo.

Como, por ejemplo:

No soy respetuosa conmigo misma cuando digo que haré algo y no lo cumplo.
No soy respetuosa conmigo misma cuando consumo comida que no le gusta a mi cuerpo.

No soy respetuosa conmigo misma cuando antepongo las opiniones de los demás a las mías.

No soy respetuosa conmigo misma cuando ignoro mi conocimiento interior.

No soy respetuosa conmigo misma cuando mi lista de tareas me agobia.

Escribe a continuación algo sencillo que puedes hacer para respetarte en todos los aspectos citados en la lista. No significa que lo hagas a la perfección; simplemente, intenta actuar de nuevas pequeñas maneras.

Como, por ejemplo:

Cuestión: No soy respetuosa conmigo misma cuando digo que haré algo y no lo cumplo.
Acción: Hoy me centraré en celebrar las ocasiones en las que cumplo mi palabra.

Cuestión: No soy respetuosa conmigo misma cuando consumo comida que no le gusta a mi cuerpo.
Acción: Una vez al día, elegiré y consumiré un alimento que le guste a mi cuerpo.

Cuestión: No soy respetuosa conmigo misma cuando antepongo las opiniones de los demás a las mías.
Acción: No dejaré de preguntarme cuál es mi verdad hasta que vea con claridad cuál es la mía y cuál procede de los demás.

Cuestión: No soy respetuosa conmigo misma cuando ignoro mi conocimiento interior.
Acción: Hoy practicaré el respetar todas las decisiones que tome y me fijaré en cómo me hace sentir cada una.

Cuestión: No soy respetuosa conmigo misma cuando mi lista de tareas me agobia.

Acción: Hoy, en lugar de consultar mi larguísima lista, escribiré dos tareas pendientes y me centraré por completo en llevarlas a cabo.

6

La quietud auténtica

En el silencio, las energías interiores despiertan
espontáneamente y provocan la transformación idónea
para cada situación.

Deepak Chopra

Como he señalado antes, el camino de la Diosa Guerrera consiste, entre otras cosas, en analizar nuestros pensamientos, en ver cuándo no están alineados con lo que es verdad para nosotras y en volver a entrenar la mente o a redirigirla para que apoye a quienes somos y cómo queremos vivir la vida. Es primordial dejar que tu mente descanse un rato, y la mejor forma de hacerlo es llevando la quietud a tu vida.

En el mundo moderno, ver la práctica de la quietud como un sistema para ser auténticas, y como un poder en sí mismo, puede parecer antitético. Ahora siempre estamos activas, juzgamos el valor de la información por la rapidez con la que nos llega, y si le sugerimos a alguien que se reserve un tiempo para estar en quietud un rato, lo más probable es que nos mire como si nos hubiéramos vuelto locas. En la vida cotidiana impera la mente racional y su deseo de «progresar».

La mayoría de las mujeres conocen muy bien la parte de su mente que las regaña, que piensa que deberían intentar ser distintas a como son y cree que el pensamiento comparativo crítico (por ej., juzgar) es indispensable. Pero cuando estamos todo el tiempo absortas en nuestros pensamientos, intentando constantemente entender y descifrar las cosas, nos olvidamos rápidamente de la pura verdad de quienes somos, distorsionamos la realidad y la teñimos con los matices grises de la preocupación, el miedo y la incertidumbre.

No me estoy refiriendo a que pensar sea malo. Al contrario, me encanta hacerlo en mis momentos inspirados o creativos, o cuando me pregunto cuánto le dejaré de propina al camarero después de una comida excelente. Pensar es un gran don que los humanos hemos recibido. Pero cuando la mente toma las riendas, sobre todo cuando está abarrotada de juicios y dudas en lugar de infundirte paz y alegría, ha llegado el momento de aquietarla. Cuando te relajas en el lago interior de tu quietud en vez de forcejear con las caóticas oleadas del agobio, las preocupaciones y la cavilosidad, aprendes a escuchar en tu interior y a actuar desde la serena presencia de tu yo auténtico, en lugar de dejarte arrastrar por la actividad febril de tu ocupada mente.

Suelo decir que la mente es como un músculo y que, si no relajamos los músculos, acaban agotándose y desgastándose. Imagínate si fueras al gimnasio e hicieras trabajar a diario los músculos tanto como usas tu mente. Parece agotador, ¿no? Considera la quietud como un balneario mental que, además de relajarte la mente, también te la deja clara y vibrante como el agua burbujeante y centelleante de un arroyo discurriendo sobre las rocas bajo la luz del sol.

El otro beneficio de la práctica de la quietud es que, además de levantarte el ánimo y sosegarte, puede estimular la creatividad y el rendimiento. Los artistas, en general, afirman haber tenido sus mejores ideas y grandes momentos de inspiración en medio de la quietud, en lugar de intentar «pensarlo todo». La mayoría de las personas hemos sentido el poder de la quietud en algún momento de nuestra vida. Por ejemplo, ¿te ha pasado alguna vez que mientras aprendías un deporte, un baile nuevo o un idioma te bloqueabas cada vez que pensabas en lo que estabas haciendo, y en cambio te salía como si nada cuando dejabas que la mente se aquietara y que el cuerpo hiciera lo que había aprendido a hacer?

En la quietud hay un elemento inexplicable que obra maravillas en la vida de quienes saben aprovechar su poder transformador. En los momentos en que te aquietas, vacías la mente y te entregas al universo es cuando tienes una epifanía, se te ocurren ideas nuevas o ves la situación desde otra perspectiva. Y de pronto todo cobra sentido de manera inexplicable. Y aunque no haya estudios científicos que demuestren cómo o por qué funciona, cualquier persona que practique el llevar la quietud interior a su vida lo comprobará por sí misma.

Meditaciones dirigidas a mujeres: cuatro formas de aquietar la mente

En la tradición tolteca amerindia se enseña el concepto del *mitote,* una palabra náhuatl usada para describir las numerosas voces que parlotean ruidosamente en nuestra mente. Como en nuestra lengua no existe una palabra equivalente, analizaré más a fondo a qué se refieren los toltecas.

Si escuchas la conversación que mantienes en tu mente, verás que en tu diálogo interno intervienen muchas distintas clases de voces. La de la jueza, la de la víctima, la que resuelve los problemas y la de la heroína, por citar unas pocas. Y las narrativas de estos distintos personajes sobre ti y tu vida chocan unas con otras. Algunas voces te inspiran con sus sabias canciones, otras te menoscaban con sus exigencias estridentes y sus miedos chillones y pegajosos, y el resto se encuentra entre ambos extremos. Pero estas voces tienen en común que te sacan del presente, hacen que le des vueltas a los pensamientos y recuerdos del pasado y que maquines estrategias para unos problemas imaginarios del futuro (no olvides que TODO cuanto pienses sobre el futuro es imaginario). En lugar de prestar atención a lo que está ocurriendo ante ti, vives ensimismada en tus diálogos internos, dándole vueltas a las historias del pasado y generando miedos al imaginarte el futuro.

La buena noticia es que los toltecas, como muchas otras culturas antiguas, también tienen la solución para calmar el parloteo mental del *mitote*. Y durante miles de años ha demostrado ser muy eficaz en una variedad de tradiciones espirituales.

Si bien la palabra *meditación* produce ansiedad en el corazón de muchos, en realidad es un acto sencillo y práctico. En el sentido tradicional, la meditación consiste, ni más ni menos, que en vivir el presente. Básicamente, está concebida para favorecer la quietud interior, y puedes meditar sentada en silencio o moviéndote y ejercitando la atención plena. Observas lo que ocurre, sin juzgarlo y sin intentar cambiar nada. Y cuando notas que una secuencia de pensamientos te está arrastrando a cualquier otra parte que no sea el presente, vuelves a llevar la atención al aquí y el ahora.

Uno de los mayores beneficios de la meditación es que aprendes a no identificarte con tu diálogo interno, o al menos a no tomártelo demasiado en serio. Reconoces que los pensamientos no son más que pensamientos, que solo existen en tu cabeza y que no tienes por qué creértelos. Tú no eres tus pensamientos, eres la presencia consciente que los hace posible. La meditación te ayuda a experimentar esta verdad, y cuando lo recuerdas a lo largo del día te es más fácil desprenderte de los pensamientos que te hacen sufrir.

Conectar auténticamente con tu quietud como mujer es distinto de la meditación tradicional y también produce otra clase de sensación. No olvides que la meditación, en el fondo, no tiene nada que ver con los dogmas o con la memorización. Como Diosa Guerrera, tienes que reservarte un tiempo para descubrir qué nos funciona mejor para practicar la meditación y alcanzar la quietud.

Meditation Secrets for Women, de Camille Maureen y Lorin Roche, uno de mis libros preferidos sobre meditación, rompe todas las viejas normas de la mejor forma posible.

Las mujeres deben abordar la meditación de otro modo. La meditación tiene que ser una práctica gozosa, sensual, en la que te implicas, y viva. Debe ser placentera. Cualquier mujer necesita un puñado de técnicas y no solo una. Las normas antiguas y rígidas sobre meditar inmóvil y las técnicas para bloquear las sensaciones le niegan a una mujer sus derechos básicos para desear, probar y experimentar la vida como realmente quiere. Las mujeres viven en su interior los ritmos naturales de la vida, una conexión emocional y física que deben respetar y satisfacer.

Este libro allana el camino a la idea radical sobre que la meditación dirigida a las mujeres debe ser *placentera*. Si has estado meditando con tu jueza plantada a tus espaldas empuñando un gran palo, lista para darte un bastonazo a tu menor desliz espiritual, o si has estado evitando meditar porque te parece una práctica demasiado rígida, o si estás dispuesta a probar algo nuevo, prepárate para desprenderte de tus libros sobre meditación basados en las viejas normas.

Las cuatro modalidades siguientes te permiten llevar más quietud a tu vida. Como verás, hay muchas formas de meditar y de bucear en tu interior, lejos del mundanal ruido, para conectar con el silencio interior. Si ya haces algún tipo de meditación, ¡enhorabuena! Sin embargo, probar cualquiera de las modalidades siguientes o las que se citan en la sección de recursos al final del capítulo te ayudará a ser más consciente y a llevar la quietud de la práctica meditativa no solo al cojín de meditación, sino también al resto del día.

A partir de ahora, cuando hable de la meditación sedente, también me estaré refiriendo a la práctica de meditar tumbada, caminando o moviendo el cuerpo plenamente conscientes.

Meditación en quietud

Si no has meditado nunca, es una forma maravillosa de empezar a hacerlo. Para comenzar, busca una habitación silenciosa en tu casa o un espacio al aire libre tranquilo y relajante, y siéntate o túmbate en quietud sin que nada te interrumpa. No te preocupes por sentarte o colocarte de una determinada forma. Adopta, simplemente, una postura cómoda que te permita estar sentada o tumbada en quietud sin interrupción. Durante los cinco minutos siguientes, pregúntate: «¿Dónde se encuentra la quietud en mí?» Respira y siente curiosidad por descubrir dónde reside la quietud dentro de ti. Esto es todo. Si lo deseas, puedes intentar mantener el cuerpo en la mayor quietud posible durante el tiempo que hayas elegido, o estar conectada a tu quietud interior dejando que el cuerpo se meza o se balancee. Si te descubres dejándote arrastrar por algún pensamiento, vuelve a centrarte en la quietud de tu interior. Así aprenderás a observar tus pensamientos en lugar de creértelos.

Te aconsejo que actives el despertador para evitar estar consultando el reloj. Y cuando suene al final de la sesión, sabrás que ha pasado el tiempo fijado. Te sugiero que al principio te lo tomes con calma y medites como máximo de tres a cinco minutos. Alarga gradualmente la sesión hasta conectar con tu quietud interior de quince a veinte minutos.

Meditación para escuchar tu silencio

Esta meditación se inspira en la que aparece en *Warrior Goddess Training Companion Workbook* y se basa, sobre todo, en la práctica esencial del ejemplo anterior. Pero está pensada para ir un poco más lejos, ya que te ayuda a aumentar tu silencio.

Siéntate cómodamente a solas en una habitación silenciosa, o busca un lugar tranquilo al aire libre. Asegúrate de apagar el televisor, la radio o cualquier otro aparato concebido para distraerte. Al igual que has hecho en el ejercicio anterior, activa el temporizador para que suene a los cinco minutos y ve alargando el tiempo de la sesión a medida que te sientas cómoda meditando. En cuanto hayas activado el temporizador y estés en el lugar elegido, cierra los ojos y mira dentro de ti. Además de no mover el cuerpo (o de moverlo ligeramente), concéntrate en encontrar el silencio que aparece entre un pensamiento y el siguiente. Mientras meditas sentada te vendrán pensamientos a la cabeza, pero no pasa nada. No intentes detenerlos. Imagínate que estás en un lugar bello y tranquilo y que tus pensamientos son como nubes diáfanas deslizándose por el cielo de tu conciencia. Observa el espacio silencioso que se da entre, o detrás, de cualquier actividad mental y la belleza silenciosa del entorno imaginario.

No intentes encontrar y sentir ese silencio a la fuerza, por lo que no te juzgues si al principio te cuesta reconocerlo. En su lugar, vuelve a visualizar un espacio sagrado en el que te sientes totalmente segura y protegida. Y recuerda que el silencio está dentro y también fuera de ti. Mientras estás sentada o tumbada en quietud, no dejes de mirar en tu interior. Respira con más profundidad. Ponte una mano sobre el vientre y la otra sobre el corazón. Siente el poder de ese momento presente. Los pensamientos llegan y se van, pero entre un pensamiento y el siguiente siempre se da el silencio.

Meditación para llenar el espacio mental

En esta meditación llegarás al mismo destino tomando un camino totalmente distinto. En lugar de buscar el silencio sentada o tumbada, recitarás un mantra o una afirmación en tu mente una y otra vez. Cuando tu mente se concentra en este tipo de palabras, llenas el espacio mental que normalmente está ocupado por pensamientos fortuitos. Si te concentras plenamente en el mantra o en la afirmación, empezarás a notar el silencio que se da entre una palabra y la siguiente. Si te distraes, vuelve a llevar la atención con suavidad una y otra vez a las palabras elegidas y déjate impregnar por la quietud que surge entre una y otra.

A mí me gusta empezar la mañana recitando un mantra y luego lo tengo presente a lo largo del día. Una afirmación puede componerse de una palabra o una frase. Puede ser desde «Paz, paz, paz» hasta «Que esté yo abierta a todas las posibilidades».

Busca un lugar tranquilo en tu casa o al aire libre donde puedas sentarte o tumbarte cómodamente. Activa el temporizador para que suene a los cinco minutos y empieza a recitar el mantra o la afirmación una y otra vez en tu mente o, incluso mejor aún, en voz alta. Sé consciente de cada palabra, préstale toda tu atención. Si notas que te distraes con una secuencia de pensamientos, vuelve a fijarte en las palabras que has elegido. Ve alargando poco a poco la sesión hasta llegar a recitarlas durante veinte minutos.

Esta meditación también es ideal para acompañarte a cualquier sitio. Repite el mantra o la afirmación mientras caminas o conduces de camino al trabajo o en cualquier otro lugar donde quieras cambiar la energía de tu mente. El secreto está en mantenerte presente y en llevar la serenidad que te aporta el mantra o la afirmación al cuerpo, para sentir la cualidad de las palabras en lugar de pensar solo en ellas.

Meditación andando en plena naturaleza

Esta meditación es como la que aparece en *Warrior Goddess Training Companion Workbook,* pero más profunda.

La naturaleza es una gran maestra del silencio. Aunque oigas el gorjeo de los pájaros, el crujido de las hojas bajo tus pies y el silbido del viento entre los árboles, el silencio de la naturaleza se palpa en el aire.

Haz esta meditación en un bosque de los alrededores, en un parque del barrio o incluso en el jardín trasero de tu casa. Algunas personas prefieren meditar en el desierto, y otras en la playa. Elige cualquier espacio en el que te sientas conectada con la naturaleza, aunque cuanto más alejado esté de la civilización, mejor.

En cuanto hayas encontrado un lugar tranquilo, entra mentalmente en el momento presente. Vive el aquí y el ahora. Durante los siguientes minutos, proponte dejar todo tu ruido mental en el mundo «civilizado». Luego, percibe cómo tus pies se apoyan en el suelo y considera que la Madre Tierra que pisas y te rodea es tu familia. Mientras observas el entorno, imagínate que, junto con todos los seres humanos del planeta, cada árbol, flor, roca, montaña, rascacielos, acera, insecto y animal cuadrúpedo y alado son tus hermanos y hermanas. Nunca estás sola en el mundo y siempre hay algo que te guía. Todo cuanto ves te respalda.

Empieza a caminar y sé consciente de cada paso que das. Deja que cada paso te mantenga anclada en el presente. Muchas veces caminamos con la mente en otra parte (absortas en el móvil, pensando en los planes para la noche, etc.). Pero durante este paseo tu único objetivo es andar conscientemente prestando atención al entorno. Baja el ritmo y usa todos tus sentidos. A cada paso, siente tus pies tocando el suelo. Nota el viento contra tu piel y el roce de la ropa en tu cuerpo. Aspira el olor del aire. Ensancha tu visión y relaja la mirada para captar al máximo posible lo que te rodea, sin clavar los ojos en nada en especial. Deja que tus oídos capten los distintos sonidos de tu alrededor: los pájaros gorjeando, las portezuelas de un coche cerrándose de golpe, las ramitas partiéndose bajo tus pies, tu respiración. Percibe todas estas sensaciones mientras la vida discurre. No hay nada que arreglar o que cambiar.

Camina al menos diez minutos de esta manera y ve alargando las sesiones de forma gradual. Cuando notes que tu mente se ha distraído en lo que has planeado para mañana o en lo que ocurrió el día anterior, no te fustigues. En su lugar, reconduce la atención con suavidad a tu entorno siendo consciente de cada paso que das.

Además de estas cuatro meditaciones, te animo a explorar muchas otras tradiciones meditativas que existen en el mundo y a crear, si lo deseas, las meditaciones que mejor te vayan para el punto en el que estás ahora en tu vida. Deja que tu sabiduría te indique la mejor forma de conectar con tu quietud auténtica. Por ejemplo, últimamente, al despertar, me quedo tumbada en la cama haciendo mi práctica de meditación. Cada mañana, envuelta en mis agradables sábanas lila de algodón, respiro con todo el cuerpo y siento el placer de estar viva. Después, me doy media vuelta y contemplo desde la ventana del dormitorio el viento agitando las hojas de los árboles en el exterior. Cuando me levanto, me siento contenta y con la cabeza despejada, y me resulta más fácil observar mis pensamientos y decidir mejor en qué quiero centrar mi atención.

Hay muchas formas distintas de meditar, pero la mayoría tienen en común que nos permiten gozar de más paz y claridad en nuestra vida. A medida que conectas con tu quietud interior vas conociendo mejor cómo piensa tu mente, y posiblemente descubras que necesitas cambiar el modo de hacerte preguntas.

Las preguntas pueden crear agitación o aportar quietud

Por si no te has dado cuenta, ¡a la mente le encanta hacer preguntas! Esto es algo recogido en todas las tradiciones espirituales del mundo. En el hinduismo, el deseo de la mente de «saber» se reconoce como uno de sus cinco atributos principales. En el mundo occidental, muchos de los principios de la filosofía, las leyes y el gobierno se basan en lo que se conoce como el método socrático, o el proceso de perfeccionar nuestras habilidades razonadoras haciéndonos preguntas. Pero lo que la cultura occidental ha olvidado es que no es en la lógica —la mente lineal— donde encontramos todas nuestras respuestas. Y lo más importante es que la forma en que la mente suele hacerse preguntas nos impide encontrar la verdad que buscamos.

Por ejemplo, te has preguntado alguna vez «¿Por qué me ha tenido que pasar a mí?», «¿Qué he hecho yo para merecérmelo?» o «¿Por qué no soy feliz por más que lo intento?»

Tal vez ya hayas visto que preguntas como las anteriores, a menudo, generan miedo y ansiedad, lo que puede robarte energía y dispersar tu atención y hacer que te sientas atascado. Así no puede producirse ninguna respuesta auténtica, puesto que la pregunta lleva implícita una carga de culpa, castigo o victimismo. Esta clase de preguntas acarrean sutilmente emociones negativas dirigidas hacia uno mismo, hacia los demás o incluso hacia la propia vida. A la mente le encanta hacerse preguntas capciosas como estas, y al *mitote* —o las múltiples voces en nuestra cabeza— le fascina ofrecernos gritando a voz en cuello una variedad de respuestas inútiles.

En mis talleres, algunas mujeres se plantean los problemas a los que se han estado enfrentando y acaban dando con la respuesta principal a sus interrogantes. Veamos algunas preguntas comunes que mis alumnas han compartido en esas reuniones. Tal vez reconozcas unas cuantas:

- ¿Por qué voy siempre corta de tiempo?
- ¿Por qué me ha tenido que pasar a mí?
- ¿Por qué no le caigo bien?
- ¿Por qué no encuentro el amor que necesito?
- Pero ¿qué diantres me pasa?
- ¿Por qué me he merecido esto?
- ¿Por qué siempre acabo en esta clase de relación o de situación?

Antes de seguir, quiero señalar que, dependiendo de la energía con la que te las hagas, las preguntas de esta lista pueden serte útiles, aunque es más habitual lo contrario. Es decir, puedes preguntarte: «¿Por qué *siempre* lo dejo todo para mañana?» con amargura, frustración y censura, o llena de curiosidad y puro asombro. Lo esencial es fijarte en la pregunta que te estás haciendo y la energía que genera al formulártela.

En parte, el problema de la mayoría de las alumnas de mis talleres es que se hacen esta clase de preguntas condicionadas por emociones negativas de culpabilidad, autocensura y miedo. Cuando nos las formulamos con esta actitud estamos suponiendo que hay algo malo en nosotras mismas, en los demás o en el mundo. Como esta clase de preguntas las motiva la energía del miedo y además perpetúan la creencia falsa de que no damos la talla, no nos aportan ninguna respuesta útil.

¿Cuál es, pues, la solución de la Diosa Guerrera? ¡Formúlate mejor las preguntas y entra en un estado de quietud!

Al principio cuesta entender y poner en práctica esta lección. No es fácil explicar con palabras cómo te haces preguntas desde un estado de quietud, pero en esencia consiste en hacerte otra clase de preguntas con verdadera curiosidad, intentando sentirlas en lugar de responderlas con la mente lógica o racional. La diferencia estriba en la energía que pones al formulártelas. Cuando intentas hacerte las preguntas con la mente en calma, conectas con un sentido más profundo de la curiosidad procedente de un amor incondicional y de unas posibilidades infinitas. Y las respuestas que surgen de este estado refuerzan tu vínculo innato con el Espíritu y favorecen el desarrollo de tu creatividad sagrada y de tu profundidad femenina.

En cuanto a las preguntas más importantes, no encontrarás las respuestas que buscas en las cavilaciones lógicas y lineales de la mente, sino en la quietud y el misterio de donde se origina la vida. Las abuelas de nuestras abuelas lo sabían, al igual que todas las personas que respetaban la antigua forma femenina de conocimiento.

Cuando nuestras preguntas más íntimas proceden solo de la aridez de la mente lógica, no estamos teniendo en cuenta las numerosas capas que constituyen el corazón y el alma de nuestro ser. Si tomas decisiones basándote solo en lo que la mente cree que es cierto por lógica, te estás desconectando del cuerpo emocional, por lo que te insensibilizarás y actuarás como un robot. Algunas preguntas no nos las hacemos con la mente, sino que las incubamos en el oscuro seno de nuestro ser y dejamos que las respuestas nos salgan de dentro.

Vamos a reescribir las preguntas anteriores desde un estado de quietud para ilustrar mejor la actitud a la que me refiero.

- «¿Por qué voy siempre corta de tiempo?» se convierte en: «¿Qué puedo hacer para tener más tiempo libre en mi vida?»
- «¿Por qué me ha tenido que pasar a mí?» se convierte en: «¿Qué quiero cambiar de mi vida?»
- «¿Por qué no le caigo bien? se convierte en: «¿Me siento bien conmigo misma?»
- «¿Por qué no encuentro el amor que necesito? se convierte en: «¿Cómo puedo ofrecerme el amor que necesito?»
- «Pero ¿qué diantres me pasa?» se convierte en: «¿Qué debo hacer para descubrir lo que me ocurre?»
- «¿Por qué me he merecido esto? se convierte en: «¿Qué es lo que agradezco en mi vida?»
- «¿Por qué siempre acabo en esta clase de relación o situación? se convierte en: «En este momento de mi vida, ¿en qué quiero implicarme a fondo?»

Hacerte las preguntas con la energía correcta, es decir, en un estado de apertura y curiosidad, amándote incondicionalmente, te prepara para recibir respuestas genuinas que surgen de la quietud. Las respuestas surgidas del profundo manantial de conexión que hay en tu interior son mucho mejores que las de la mente racional. Incuba tus preguntas en la oscuridad de la quietud. Ve más allá de tus pensamientos, sumérgete en el seno espacioso, paciente y primordial de tu diosa interior para que las respuestas nazcan de dentro, en lugar de ser un pensamiento más que no te sale de las entrañas. Así es como una Diosa Guerrera se hace preguntas, y en la parte de las exploraciones del final del capítulo podrás ponerlo en práctica.

El silencio que lleva a la quietud

Practicar el silencio es otra herramienta que te ayuda a conectar con tu quietud interior. Lo más probable es que te lleve algún tiempo, como me ocurrió a mí.

Hace muchos años, cuando estudiaba con don Miguel Ruiz, decidí permanecer en silencio durante un tiempo. Quería aquietar mi mente y me propuse hacer un «ayuno» de hablar y de prestar atención a los estímulos del mundo exterior durante cuarenta días. Aunque seguía trabajando e interactuando con el mundo, renuncié a muchas cosas: a la televisión, a la radio, a Internet, a la lectura, a las palabras. Llevaba conmigo una libretita a todas partes, y cuando alguien me decía algo, sosteniéndola en alto, le mostraba una nota que ponía: «Guardo silencio».

Los treinta primeros días estuve luchando con mi propia mente. No encontraba la paz. Mi mente catastrofista intentaba acaparar mi atención volviéndose cada vez más estridente y molesta. Seguí guardando silencio, aunque me pareciera que ni siquiera así conseguiría aquietar mi mente.

Y un día advertí algo fascinante.

Mientras caminaba con unas personas que me estaban contando el problema que les preocupaba, al acabar de conversar una de ellas me dijo agradecida: «Muchas gracias por tu ayuda, me siento mucho mejor». Me alegré, pese a que yo, no había dicho una sola palabra. Y entonces me di cuenta de que durante el paseo mi mente había permanecido en una gran quietud.

Aquello me dejó perpleja durante varios días.

Y después me volvió a pasar. Descubría que a la gente le encantaba estar conmigo en mi estado de silencio, y a lo largo de la conversación en un solo sentido encontraban las respuestas a sus preguntas y tenían revelaciones interiores, aunque yo no hubiera abierto la boca en ningún momento. Para alguien como yo, que creía tener siempre la respuesta adecuada y que había dedicado muchas horas ayudando a los demás con mis palabras, era una situación muy extraña.

Pero admití que en medio de mi silencio había aprendido por fin a apoyar totalmente a los demás y a permanecer en quietud en mi interior. No estaba intentando averiguar qué era lo que necesitaban escuchar, ni planeando lo que diría a continuación o aportando una historia de mi propia vida para que vieran que yo también había pasado por lo mismo. Mi mente permanecía en quietud y la gente lo notaba.

Aunque permanecer cuarenta días en silencio no sea una opción viable o necesaria para ti, te animo a intentar pasar un rato en quietud a lo largo del día. Úsalo para escuchar tu corazón, en lugar de intentar encontrar las respuestas en tu cabeza. Deja que, en ese estado de quietud, tu sabiduría interior aflore de la profundidad de tu ser y que esta sabiduría silenciosa se propague impregnando todo cuanto te rodea. Por experiencia propia sé que estar en silencio al principio cuesta mucho. La mente necesita su tiempo para adaptarse y calmarse, pero el silencio consciente es un paso maravilloso para encontrar la quietud interior.

La quietud en acción

A menudo me preguntan sobre la quietud y sus efectos en el «mundo real». Es decir, la gente sostiene que la quietud es útil en el ambiente de un retiro, pero quieren saber en qué sentido es práctica en la vida cotidiana. Si bien es la mente la que cuestiona el valor de la quietud, satisfaré su curiosidad contando mi experiencia en una situación de emergencia que demuestra con creces el poder de la quietud en acción.

En el descanso de un retiro en México, mientras charlaba con mi coinstructor Will Taegel, me pareció oír a alguien pidiendo ayuda. Al principio no estaba segura de dónde venía la voz, o ni siquiera qué la motivaba, pero cuando volví a oírla, ambos nos levantamos y fuimos al vestíbulo del piso de arriba, el lugar de donde llegaba.

—¡Necesitamos ayuda! ¡Christine se ha caído!

Christine, tendida en el suelo, tenía una mueca de dolor, pero estaba muy calmada. Dos mujeres la rodeaban.

—Se ha roto la muñeca —observó una de ellas cuando Will y yo llegamos.

Antes de que la mano se le hinchara más, Will se dispuso a sacarle el anillo.

—¿Necesitas una loción corporal para que le salga mejor? —preguntó alguien.

—Sí —repuso Will.

—Aquí la tienes —terció otra persona.

Will le quitó fácilmente el anillo y se lo entregó a alguien para que lo custodiara.

—Necesitamos una revista para entablillarle la muñeca —sugirió uno de los presentes con calma.

—Voy a buscarla —me oí decir.

Di media vuelta y me dirigí a las escaleras para ir a la planta baja, preguntándome dónde iba a encontrar una revista. Salí de la entrada principal y fui directa a la vivienda en la que me alojaba, pero de pronto sentí un *no* en mi cuerpo y me paré en seco. Escuché. Giré en redondo y me dirigí a la cocina. Mi mente estaba un tanto desconcertada, pero mi cuerpo sabía con claridad lo que tenía que hacer. Bajé la vista y vi una pequeña pila de revistas en la que nunca antes había reparado. Agarré dos y me dispuse a subir de nuevo las escaleras.

Cuando iba a reunirme con Christine, se me ocurrió que necesitaríamos un pañuelo para asegurarle las tablillas. Me pregunté dónde encontraría uno y, de pronto, me vino un pensamiento a la mente: *lo buscaré en mi habitación.* Me dispuse a ir a buscarlo, pero de golpe sentí el incontenible deseo de volver al piso de arriba, donde estaba Christine. Confiando en mi silencioso instinto, di media vuelta. Mi mente se aquietó de nuevo. Cuando subía las escaleras me crucé con mi amiga Shiila, que llevaba alrededor del cuello el pañuelo perfecto.

—¿Me puedes prestar tu pañuelo? —le pregunté.

—¡Sí! —repuso sacándoselo del cuello.

Al cabo de dos minutos ya estaba lista. Había encontrado los dos objetos que necesitaba con urgencia a la primera, sin buscarlos siquiera. Era evidente que había estado actuando algo más que no tenía nada que ver con mi mente racional.

El resto del día, y también el día siguiente, desde que llevamos a Christine a la planta baja para que el médico la atendiera hasta que la acompañamos al avión que la llevaría de vuelta a casa, todo se fue resolviendo por sí solo. Sin dramas, historias, ni miedos. Una comunidad en acción se dedicó simplemente a escuchar su guía interior, dejando que la quietud se ocupara de todo. Fue maravilloso.

Cuanto más cultivas la quietud en tu vida, más adviertes que en realidad es tu naturaleza esencial. Incluso en las situaciones más caóticas y estresantes, la quietud te ayudará si conectas con ese estado. Cuando la mente se vacía y aquieta, todo se resuelve de la manera más mágica e inexplicable.

Y ahora, en esta última parte del capítulo sobre la autenticidad, aprenderás a usar los otros cinco aspectos de tu ser que no solemos tener en cuenta para que te lleven al estado más sagrado y auténtico de todos: el de una pura conciencia plena.

Autenticidad: recursos para la quietud

Dones

- La autenticidad verdadera no solo es un acto, sino que surge espontáneamente del estado de quietud interior.
- Como mujer, es vital que crees o encuentres una práctica de meditación o de quietud que te funcione.
- Aprende a reescribir tus preguntas para que te lleven a la profundidad de tu silencio, en lugar de quedarte atrapada en el desasosiego de tu mente.

Exploraciones

LA QUIETUD ENTREMEDIO

Acostúmbrate a hacer descansos durante el día para sumirte en el silencio cuando vayas al baño, mientras comes o en las pausas entre las reuniones o los clientes. En lugar de no parar en todo el día y estar pensando todo el rato, respira desde los pies. Fíjate en los colores de tu alrededor. Baja el ritmo. Camina más despacio al ir de un lugar a otro. Vuelve a conectar con el silencio.

¿Qué te parece conducir sin poner la radio? ¿O evitar mantener conversaciones innecesarias? Practicar el silencio de estas pequeñas formas te ayuda a calmarte y a aquietar la mente.

GENERAR NUEVAS PREGUNTAS

Aquieta la mente un momento y escucha en tu interior la pregunta que te hayas estado haciendo recientemente y que no te resuelve nada. Puede ser una de la lista que he citado antes en el capítulo, u otra.

Dedica un momento a escribir la pregunta o dila en voz alta. Observa cómo te hace sentir. Si deseas vivir la experiencia plenamente, formúlate la pregunta una y otra vez caminando de arriba abajo. Por ejemplo, podrías preguntarte: «¿Por qué siempre me tiene que pasar a mí?» con la espalda encorvada y una mueca de abatimiento y frustración en el rostro. Haz una pausa, toma una bocanada de aire y presta atención a tu cuerpo para ver cómo la pregunta te quita energía o te la dispersa.

Ponte ahora una mano sobre el vientre y la otra sobre el corazón. Respira desde las dos manos y dite «hola». Aquieta la mente. Exhala la pregunta de antes. Bendícela y da las gracias por procurar mantenerte a salvo o por ayudarte a intentar darle sentido al mundo. Formúlate ahora la nueva pregunta, pero esta vez mantén la cabeza alta, cierra los ojos y serena la mente. Ahora te encuentras en un estado de gran receptividad para descubrir la respuesta y darle la bienvenida. Por ejemplo, podrías preguntarte: «¿Qué quiero cambiar en mi vida?»

Para que surja la magia de la quietud, no intentes responder a esta nueva pregunta. ¡No dejes que tu mente se aferre a ella e intente hacer que cobre sentido ni dar con la respuesta! Deja que la pregunta se hunda en tu vientre, hasta la oscura cueva de tu seno. Escucha. Deja que las respuestas te salgan espontáneamente de dentro con el tiempo. Envuelve la pregunta en la quietud y deja que germine en la tierra fértil de tu ser. Te sorprenderá ver las respuestas que surgirán de tu diosa interior.

MEDITACIÓN DEL SANTUARIO

Aprendí esta meditación-visualización tan maravillosa de Cerridwen Fallingstar, una de mis primeras maestras. Llevo más de dos décadas practicándola con regularidad. Cuanto más meditas en tu santuario interior, más cultivas un refugio seguro de quietud dentro de ti.

Antes de empezar esta meditación, asegúrate de disponer de veinte minutos sin interrupción. Desconecta el móvil, cierra la puerta y aíslate del mundo exterior.

Imagínate que estás en un bello espacio natural. Como un lugar que has visitado numerosas veces, un paraje que has visto en fotografías o un sitio con el que hayas soñado. En tu imaginación puedes ir adonde te apetezca.

Dedica un tiempo a descubrir este lugar. Relájate y explora este nutricio paraje.

Cuando estés lista, busca una casa o un espacio cerrado que te parezca seguro y agradable. Será tu santuario, el lugar en el que podrás refugiarte y aislarte cerrando la puerta. Puede ser una cabaña en el bosque, un templo en la playa o un edificio acristalado en la ladera de una montaña. ¡Sé creativa! Explora el lugar y conócelo a fondo. ¿Qué tan grande es? ¿Es ideal para ti al ser un lugar apartado del mundo? ¿Está rodeado de un jardín, un bosque o un desierto?

En cuanto entres en él, usa la imaginación para decorar tu santuario interior como quieras. ¿Cómo ha de ser para que te relajes y te sientas como en casa? Crea un espacio mágico al que puedas ir, protegiéndote del mundo en tu burbuja de lo sagrado.

Durante la próxima semana visita tu santuario interior una vez al día. Sigue añadiendo detalles. Mientras estás en él, imagínate que en cuanto cruzas la puerta dejas atrás tus preocupaciones terrenales. Siéntate en medio del santuario y conecta con tu quietud. Tu santuario es el centro de tu corazón, el lugar de paz interior que hay en ti. Al darle forma con tu imaginación, podrás descansar en medio del silencio y la espaciosidad.

Si entras en www.heatherashamara.com encontrarás una copia gratuita de esta meditación.

7

La conciencia plena auténtica

Cuando empezamos a fijarnos de verdad en quiénes creemos
ser, tendemos a ser afortunados. Vemos que, pese a tener
diversos pensamientos, creencias e identidades, estos no nos
dicen individual o colectivamente quiénes somos...
De hecho, es asombroso hasta qué punto los humanos nos
definimos por el contenido de nuestra mente, nuestros
sentimientos y nuestra historia.

Adyashanti

¿Has notado alguna vez que solemos mirar algo solo para confirmar lo que ya pensamos que veremos? ¿O que escuchamos algo para confirmar lo que esperamos oír? Al actuar así, estamos viviendo la vida según lo que creemos que viviremos, en lugar de tener una experiencia fresca y nueva en el presente. Por eso, en nuestra vida raras veces hay algún cambio. Lo más probable es que obtengamos lo que esperamos obtener. Aunque haya algo más que esté presente, no lo veremos porque no estamos abiertos a la posibilidad de que exista. Es como comer gachas siempre llevados por la costumbre, sin saber que estamos rodeados de un bufé maravilloso lleno a rebosar de platos deliciosos y exquisitos.

Yo lo llamo la trampa de vivir con la mente en lugar de con el corazón. Cuando vives sin saber lo que está ocurriendo en el presente, la mente toma las riendas de tu vida y tus pensamientos acaban dictando, y por lo tanto limitando, tus vivencias.

En cuanto observas los pensamientos que surgen en el espacio de la conciencia, adviertes algo más: tus pensamientos raras veces tienen que ver con el presente. Como mujeres, solemos definirnos a nosotras mismas y al mundo que nos rodea basándonos en el conocido pasado, lo cual nos impide vibrar con el presente que está cambiando continuamente. La mente está la mayor parte del tiempo preocupada por el pasado o temiendo el futuro, perdiéndose la única vida que tiene lugar de verdad: el momento que estás viviendo ahora.

Ser consciente de estos hábitos mentales —en los que tus pensamientos y expectativas prejuzgan y predeterminan tu experiencia, o ver que constantemente estás pensando en el pasado o en el futuro sin vivir el presente— te muestra los aspectos en los que necesitas volver a centrar la atención. En tu interior ya tienes lo necesario para liberar la mente de su mazmorra abarrotada de percepciones limitadoras: la inmensidad de tu yo verdadero, tu conciencia plena.

En los aspectos místicos de cualquier religión importante y tradición espiritual se recomienda desarrollar la práctica de la conciencia plena, y como las distintas tradiciones definen la conciencia de distintas maneras, antes de seguir me gustaría explicar cómo usarás exactamente la conciencia plena como parte del camino de la Diosa Guerrera.

La conciencia plena es el arte de estar presente al cien por cien en la vida, de saber con precisión lo que está ocurriendo en el *presente*, tanto fuera como dentro de ti. Es decir, observas lo que ocurre en el mundo exterior y te fijas, al mismo tiempo, en cómo reaccionas a él.

Cuando eres consciente de lo que ocurre en el presente, ves las cosas tal como son, en lugar de cómo la mente *cree* que deberían ser. Cuando te centras en vivir plenamente el mundo que te rodea, a la mente le cuesta mucho más acaparar tu atención con todos los dramas, las dudas y la disfunción que te plantea.

Además de observar el exterior, la práctica de la conciencia plena significa que también observas tus reacciones a esos estímulos externos, pues así te conoces mejor. La conciencia plena es la clave para practicar las otras herramientas en el camino de la Diosa Guerrera, ya que el primer paso para cambiar algo es ser consciente de la necesidad de un cambio.

Muchas mujeres a las que asesoro nunca han oído hablar de la práctica de la conciencia plena, ni tampoco la han probado. Pero, aunque ya sepas de lo que estoy hablando y estés practicándola, siempre puedes profundizar en ella, y este capítulo se centra en ayudarte a hacer esto exactamente. Y lo mejor de todo es que el resto del capítulo está dedicado a crear una práctica de la conciencia plena valiéndote de cinco poderosos medios de los que probablemente ya dispones: tus sentidos.

Los sentidos: una puerta de entrada a la conciencia plena

Cada sentido, si eres consciente de estar usándolo, te ayuda a vivir el presente al cien por cien, la única forma de ser auténtica. Tus sentidos te llevan de nuevo a la verdad del momento presente, a la realidad física del ahora, en lugar de estar cavilando sobre lo que deseas o piensas que deberías ser. El ahora, en ese preciso momento y lugar, es el único instante en el que puedes liberarte de los errores y los remordimientos del pasado, y también de las preocupaciones y los miedos acerca del futuro.

Es asombroso ver que cuando hacemos este pequeñísimo cambio y dejamos de *pensar* en el pasado y el futuro, o de intentar averiguar quiénes se supone que debemos ser, para vivir plenamente el presente *desde el corazón*, nos volvemos más radiantes y los ojos nos brillan más. Como el místico y filósofo ruso G. I. Gurdjieff escribió: «El "yo Soy", nuestra presencia real, solo despierta cuando nos fijamos en la sensación viva de nuestro cuerpo».

Mientras voy presentando los cinco sentidos, uno por uno, desde la vista y el oído hasta el olfato, el gusto y el tacto, te sugiero que leas y contemples los cinco apartados con una actitud abierta, sin expectativas. Despréndete de lo que crees saber sobre tus sentidos y de cómo se usan. Ve el poder de tus sentidos como si fueras una niña, con una actitud maravillada y juguetona. Empápate de la información que estés recibiendo y usa las enseñanzas para ser más consciente de tus sentidos, poco a poco. A medida que abandones tu fijación habitual en los fantasmas del pasado y del futuro descubrirás la belleza radiante del momento presente, y tu autenticidad brillará de manera natural del centro de un ahora personificado.

Vista

El sentido de la vista se activa al entrar la luz por la retina, pero el órgano de los ojos no es el único responsable de la visión; el cerebro es, al fin y al cabo, el que decide cómo percibimos el mundo. Cuando vemos algo sin ser conscientes de estar viéndolo, percibimos el mundo a través de nuestros filtros mentales y distorsiones, y vemos las situaciones condicionados por los cristales de nuestros miedos y arrepentimientos.

Las Diosas Guerreras aprenden a usar sus ojos como espejos. Captan las cosas tal como son y eliminan las distorsiones de sus experiencias del pasado. La utilización atinada de la vista se consigue mediante el fortalecimiento de nuestro yo-testigo, de forma que, simultáneamente, vemos tanto el mundo como nuestra reacción interior a él. Así creamos la espaciosidad interior que nos permite ver más allá de nuestros filtros y elegir cómo responderemos, en lugar de hacerlo dejándonos arrastrar por los condicionamientos del pasado.

Cuando ves algo siendo consciente de estar viéndolo, lo percibes tal como es, por lo que puedes elegir tanto tu respuesta a ello como el estado de tu ser.

Por ejemplo, un día mientras paseaba por la orilla del río que discurre por el centro de Austin, vi un montoncito de basura. Después de recogerla y de echarla en una papelera próxima, cavilé sobre lo distinta que era ahora mi percepción. En el pasado habría juzgado al individuo que había dejado la basura, y luego a los norteamericanos por ensuciar tanto (*¡La papelera estaba al lado! ¿Qué le pasa a la gente?*), y a todos los humanos por ser tan descuidados e irrespetuosos con la Madre Tierra. Me habría considerado más «evolucionada» que el tipo que había dejado la basura y me habría sentido superior moralmente, enojada y descorazonada a la vez. Habría creado un relato que elevaría mis emociones y aguaría mi experiencia del presente.

Y todo por un puñado de basura.

Al actuar desde un estado de pura percepción, sin juzgar la situación, crear una historia o filtrarla como «buena» o «mala», lo que ocurrió es que vi la basura, admiré el color rojo vivo de la botella de Coca-Cola y decidí agacharme, recogerla y echarla a la papelera.

Si veo botellas y periódicos arrojados a un lado del camino, simplemente los veo como botellas y periódicos viejos. Y punto. Tirados al lado del camino. Y punto. O puedo ver esos objetos como «malos», lo cual implica una recriminación mental y crea toda una historia sobre la pereza de los humanos y la destrucción de la civilización.

Cuando ves el mundo desde la claridad de la verdad, sin añadirle tu propia historia, ocurre un milagro: actúas según lo que ves en un estado en el que tienes elección, en lugar de dejarte llevar por una respuesta condicionada. No olvides que la basura es basura, tanto si la detestas como si te encanta o te deja indiferente.

La gente a veces me dice que les preocupa que si no juzgan lo «malo» que ven en el mundo —basura, prostitución infantil, hambrunas, maltrato de animales, cambio climático— nunca cambiaría nada y viviríamos con la más absoluta despreocupación mientras el mundo se deteriora a marchas forzadas. Pero he descubierto que es al revés. Regodearse en esas emociones negativas no promueve ningún cambio positivo duradero. Cuando ves claramente una situación por lo que es y estás motivada por la inspiración de tu corazón en lugar de por el miedo y las recriminaciones de tu mente eres mucho más eficaz, creativa y deliberada en tus acciones.

Por ejemplo, si ves basura en el parque sin tener emociones negativas de rabia y de recriminación, puedes sentirte predispuesta a recoger toda la que veas ese día. O crearás un Día de Recogida de Basura al mes con tus amigos; o incluso fundarás una organización dedicada a concienciar a la gente para que sea respetuosa con el medioambiente. Es mucho más probable que todas estas posibilidades se den si te sientes inspirada positivamente que si tienes emociones negativas de rabia o censura.

EJERCICIO DE PERCEPCIÓN VISUAL

Observa cómo la mente quiere etiquetar constantemente todo cuanto ve: silla, libro, diario, mesa, casa, cónyuge, etcétera. Esta costumbre de etiquetar inmediatamente todo cuanto entra en tu campo visual tiene el efecto negativo de estropear la belleza del momento presente. Cuando la mente cree saber algo, deja de mirar y de percibir. Los juicios de la mente sobre estas etiquetas siguen la siguiente pauta: basura = mala; silla = me gusta; mesa = útil.

En este ejercicio, procura percibir el mundo que te rodea con el corazón, sin añadirle los filtros mentales ni las vivencias del pasado. El primer paso es procurar no etiquetar lo que ves. Ves una silla, pero ¿es eso realmente lo que es? ¿O no es más que el nombre que le damos? Obsérvalo a fondo. Fíjate en la variedad inmensa de colores que hay en el mundo. Fíjate en las formas de los objetos que hay ante ti. Mira a los miembros de tu familia o a los compañeros de trabajo con los ojos de un recién nacido, como si los vieras por primera vez. Mírate al espejo como si nunca antes hubieras visto a un ser humano. Deja que tu corazón te abra los ojos.

El siguiente paso es ser consciente de las historias que te cuentas en tu cabeza relacionadas con lo que ves. Obsérvalas con los ojos internos en lugar de considerarlas verdades. ¿Lo que estás viendo es de verdad real? ¿Hay otra forma de percibirlo que lo cambiaría todo?

Por ejemplo, mientras estoy hablando, veo que mi interlocutor frunce el ceño, y en lugar de añadir un texto a la imagen: «Frunce el ceño porque no le caigo bien», simplemente lo registro y estoy presente en la conversación. O puedo decirle: «Frunces el ceño. ¿En qué piensas?» Y obtener más información.

Cuando ves algo, en lugar de rellenar los vacíos automáticamente (y, en general, de forma incorrecta), observa las vivencias del pasado que estás proyectando en el presente y la historia que estás creando en tu mente como resultado. Ver las cosas sin etiquetarlas o sin añadirles al instante un relato te permite elegir libremente cómo actuar en el presente.

Sonido

Cada día nuestros oídos oyen miles de sonidos del entorno y la mente los filtra fijándose solo en los «relevantes». Las voces procedentes de otras mesas en un café, el ruido de la autopista que se oye desde el despacho, el murmullo de la nevera; por lo visto, todos esos sonidos nos pasan desapercibidos.

Como humanos, somos perfectamente capaces de aceptar o rechazar la información sensorial que nos llega del entorno, pero con los sonidos internos no siempre es así. Como Diosas Guerreras conscientes, el objetivo es tomar conciencia de nuestra habilidad natural de filtrar el ruido exterior y usarla con destreza para liberarnos de las voces interiores con las que nos maltratamos y censuramos.

Uno de los mayores obstáculos para ser felices y sentirnos bien en la vida es prestar oídos al molesto y divagador goteo de pensamientos censuradores y catastrofistas. Cuando nos dejamos llevar por esas voces negativas, no oímos más que las advertencias de las limitaciones y las críticas amortiguando los sonidos de nuestra sabiduría interior.

Lo interno está relacionado con lo externo, lo que oyes dentro de ti se refleja en el contenido y el tono de las voces que eliges escuchar fuera. Por ejemplo, imagínate que estás en una sala con cien personas. Noventa y nueve te dicen lo maravillosa que eres, pero una te suelta: «Eres una embaucadora. Una mala persona. Un ser detestable». ¿Cuál es la voz que te llamará la atención? Muchas mujeres que conozco ignorarían literalmente la mayoría de los comentarios positivos y se quedarían con la voz negativa, es a lo que están acostumbradas.

Y, por otro lado, también podemos vivir en la fantasía y oír solo lo que queremos oír y descartar lo que no queremos afrontar. Las mujeres solemos hacerlo en situaciones como las citas románticas: «¡Me dijo que me amaba!», exclamó una amiga mía, destrozada por que el hombre con el que salía desde hacía un par de semanas de pronto dejó de llamarla. Mientras hablábamos del tema, me enteré de que le había dicho estas palabras una sola vez, llevado por la fogosidad de la pasión cuando hacían el amor; sin embargo, él le había repetido hasta la saciedad que no estaba interesado en mantener una relación de pareja. Pero mi amiga solo quería oír que él quería estar con ella. Ignoró lo que no quería oír, e interpretó erróneamente un gesto insignificante para falsear la realidad que anhelaba.

Observa a qué voces exteriores prestas oídos y qué otras te dejan indiferente. ¿Te quedas con las críticas y rechazas las alabanzas? ¿Oyes solo lo que quieres oír e ignoras el resto?

Ser consciente de las voces interiores y exteriores que eliges escuchar te permite cambiar tu modo de hacerlo para ver lo positivo del presente y las posibilidades creativas del futuro, y liberarte además de cualquier voz que te mantenga atada al pasado.

A menudo no podemos sacarnos de la cabeza voces que nos reprenden, critican o infravaloran. En ocasiones, las voces que retumban en nuestra cabeza tienen su origen en algo doloroso que alguien nos dijo en el pasado. Y otras, en las historias ficticias de nuestra jueza interior.

Aprender a escuchar de una nueva forma significa, en primer lugar, prestar atención para captarlo todo, y usar después el filtro tipo «ninja» para elegir lo que aceptarás y lo que descartarás.

EJERCICIO AUDITIVO

Abre tu percepción auditiva escuchando los pájaros, el viento, los coches, los ladridos de los perros, el sonido del roce de tu ropa. Escucha. Cáptalo todo. Practica esta escucha profunda durante la pausa para comer, mientras cruzas el pasillo para ir al lavabo, en el partido de fútbol de tu hijo. Observa cómo la mente descarta muchos de esos sonidos como poco importantes y, sin embargo, prioriza su propia voz, como si estuviera diciendo constantemente: «¡Psst! Tengo algo importante que decirte, ¡prepárate para asustarte mucho, o preocuparte, o entusiasmarte!» ¿Quién ha decidido que las voces de tu cabeza son más importantes que los sonidos exteriores del momento presente? Pues la mente, claro está. Pero, en realidad, escuchar los sonidos del presente es mucho más beneficioso para ti que escuchar las voces negativas del miedo, las dudas y los juicios que la mente afirma que son tan importantes. La próxima vez que te vengan a la cabeza una y otra vez pensamientos de preocupación y censura, aprovecha la oportunidad para escuchar lo que ocurre a tu alrededor.

En cuanto seas capaz de observar la variedad de sonidos de tu entorno, vuelve a fijarte en tus voces interiores. Descubrirás que no hay solo una voz, sino muchas. Es lo que los toltecas, como ya ha mencionado antes, llaman el *mitote*, o las innumerables voces en tu cabeza que van subiendo de tono para acaparar tu atención.

Para este ejercicio, intenta escuchar esas voces como si estuvieras escuchando la televisión o la conversación de los que están comiendo en la mesa de al lado. Siente curiosidad por los temas de los que hablan, por las voces más estridentes y las más amortiguadas. Escribe todo lo que observes mientras escuchas. Empieza, luego, a sintonizar con las voces que quieres que te guíen en la vida, e imagínate que apagas el volumen de las que no te sirven. Sé paciente mientras haces este cambio enorme, eligiendo las voces que escucharás y las que descartarás. El primer paso es ser consciente de las voces.

Nota: en lugar de intentar silenciar cualquiera de las voces llena de ira o de frustración, les digo: «¡Vaya, sois unas expertas en juzgar!», o «He oído que quieres tener un berrinche en este instante». Y luego, desde la posición del testigo, decido en qué centraré mi atención. Sé compasiva y firme a la vez contigo misma, y recupera tu poder de escuchar y observar, en lugar de creerte todo cuanto oyes dentro y fuera de tu cabeza.

Gusto

El sentido del gusto es una importante vía de acceso para vivir el presente y un factor clave que le permite a una Diosa Guerrera superar la desconexión y las distracciones habituales. Cuando saboreas la comida plenamente, notando su gusto y sus texturas, bajas el ritmo y vuelves a sentir el placer de estar viva.

Muchas mujeres tienen problemas con la comida y la imagen corporal, aunque yo creo que en realidad les vienen de no permitirse gozar de la dulzura de la vida. En vez de aceptar y digerir los goces sencillos, los reemplazan por la satisfacción pasajera de una galleta o por el chute de un café con leche. No me malinterpretes, ¡me encanta saborear una buena galleta! Pero quiero ser sincera respecto a los desequilibrios relacionados con lo que nos llevamos a la boca y por qué lo hacemos. Por ejemplo, ¿comes siendo consciente de lo que estás comiendo? ¿Escuchas lo que el cuerpo te dice que prefiere de verdad?

Honras a tu Diosa Guerrera cuando te tomas tiempo para aprender a servir a *tu* cuerpo de la mejor manera. Olvídate de la información que has leído sobre lo que es bueno y lo que es malo, y pregúntaselo a la verdadera experta en la materia: tú misma. Los libros son fantásticos como punto de referencia, ¡pero la única fuente fiable de información sobre tu cuerpo proviene de quien está viviendo en él!

A veces tus papilas gustativas y tu cuerpo no tienen claro lo que es bueno para ti. Si has estado consumiendo una dieta rica en azúcar y sal, te habrás acostumbrado a ello y creerás preferir la comida basura a la fruta y las verduras frescas. De igual modo, si te has acostumbrado a tolerar relaciones de baja calidad en tu vida, tu cuerpo también acabará habituándose a ello. Utiliza tu conciencia plena para prescindir de la comida «vacía» con bajo contenido en nutrientes y las relaciones tóxicas.

EJERCICIO DEGUSTATIVO

Proponte tomar una comida al día (o al menos una a la semana) con atención plena. Elige los alimentos que sabes que tu cuerpo (¡y no solo tu boca o tu mente!) apreciará. Mastica cada bocado a conciencia, saboreándolo. Come hasta sentir que has llenado dos tercios del estómago, en lugar de sentirte atiborrada.

Nota cómo la comida interactúa con tu cuerpo mientras se desplaza por el tracto digestivo. ¿Te sientes llena a reventar? ¿Te duele el estómago? ¿Te dan bajones de energía después de comer? ¿Estás estreñida? El cuerpo te dice a cada momento lo que le gusta y lo que no le gusta. Imagínate que tu sentido del gusto está ligado al tracto digestivo, y escucha qué sabores le gustan a tu cuerpo.

Te propongo el gran reto de reducir el consumo de azúcar de tu dieta durante un mes. Lo sé, ¡es todo un desafío! Pero te garantizo que a la primera semana, más o menos, tus papilas gustativas habrán recuperado la sensibilidad. Las zanahorias, las fresas, e incluso las cebollas cocinadas, te parecerán de lo más dulces y deliciosas. Y tu cuerpo se sentirá mucho más contento. Se han publicado una gran cantidad de libros excelentes que explican los beneficios de esta dieta y cómo reducir de forma eficaz el consumo de azúcar. En la sección Free Stuff de www.heatherashamara.com encontrarás más información al respecto, y también recetas.

Olfato

El sentido del olfato, relacionado directamente con el del gusto, te permite percibir los aromas de la vida y es una poderosa senda evocadora de recuerdos. Nada nos estimula más que los olores que nos gustan y pocas cosas nos dan tanta grima como los que no nos gustan. Imagínate esos olores: a bollos de canela recién salidos del horno. A café. A limpiador con aroma de limón. A caca de perro pegada al zapato. Estas imágenes no solo están relacionadas con el olor, sino que además te traen a la memoria alguna vivencia del pasado. Estos son los recuerdos que a mí me traen a la memoria: el brillo infantil de los ojos de mi exmarido mientras se comía un delicioso bollo de canela. Las cafeterías en las que me quedaba escribiendo hasta las tantas. La casa de mi abuela en Maple Street, en Lynn (Massachusetts). Dejar unas huellas apestosas estampadas en el porche después de haber pisado sin querer excremento de perro.

De toda la infinidad de olores que hay en el mundo, algunos son agradables, y otros, desagradables. Nos inclinamos contentas hacia las rosas y el pan recién horneado y, en cambio, nos apartamos al instante de la basura maloliente y del humo de los tubos de escape. Una Diosa Guerrera aprende a inclinarse hacia cualquier olor y experiencia, siendo consciente de todas las manifestaciones del fluir divino, sin etiquetar nada como «bueno» y como «malo», y aceptando la sabiduría que hay en todo.

La siguiente cita repleta de sabiduría es de Seng Ts'an, un maestro budista chino del siglo v de nuestra era.

El Gran Camino no es difícil para los que carecen de preferencias. Cuando el amor y el odio están ausentes, todo se vuelve claro y sincero. Pero a la menor distinción, el Cielo se aleja una infinidad de la Tierra.

Los olores son una herramienta que siempre está presente en la vida y que puedes usar con suavidad para no tener preferencias, para verlo todo con claridad y recorrer bailando el camino de la Diosa Guerrera, alegrándote tanto por las situaciones dulces de la vida como por las nauseabundas. En el siguiente ejercicio te muestro cómo hacerlo.

EJERCICIO OLFATIVO

La próxima vez que percibas un olor que te haga apartar la cara con una mueca de asco, intenta percibirlo sin juzgarlo. Percíbelo simplemente. Relaja el rostro y el cuerpo, y respira. Nada más. Piensa: «No es más que un olor». Agradece tu sentido del olfato. Deja de aferrarte a los conceptos de «malo», «asqueroso», «desagradable», «nauseabundo». No es más que un olor. Relaja los hombros. Observa cómo el olor desaparece.

Esta práctica sencilla también te sirve para dejar atrás otras preferencias y hacer que tus días sean mucho más dulces en tu fuero interno. Por ejemplo, cuando estés atrapada en un tráfico denso, deja de ver la situación como «mala», «frustrante» y «negativa». No es más que un exceso de tráfico. Relaja el cuello. Respira. Cuando no encuentres tu producto preferido en una tienda, sustitúyelo por otro y descubre si puedes fluir con la situación tal como es. Las preferencias son agradables cuando las puedes satisfacer, y esta práctica te ayudará a no sufrir si las cosas no te salen como esperabas.

Nota: si te has dedicado a cuidar y complacer a los demás toda la vida, recuerda que tienes tus propias preferencias personales antes de intentar renunciar a ellas de verdad. Si no las conoces por haber estado siempre anteponiendo los deseos de los demás a los tuyos, te sugiero que empieces a nombrar lo que te gusta y te desagrada. Así definirás los límites que te separan de los demás. En cuanto hayas desarrollado tu sentido de la identidad, practica el no apegarte a lo que te «gusta» y a lo que te «desagrada».

Tacto

Tocar algo siendo consciente de estar tocándolo es otra forma de volver al presente. Te saca de la «cabeza», llevándote al cuerpo, y te relaja el sistema nervioso. Cuando aceptas y recibes toda clase de contacto físico —tu mano tranquilizadora posada sobre tu vientre, el beso del viento en tu mejilla, la corteza dura y rugosa de un árbol al que te arrimas, el abrazo de una amiga— y sientes el placer que te conecta con todo lo creado, se manifiesta el toque de la Diosa.

Muy pocas mujeres reciben el suficiente contacto físico. Cuando me mudé a Tailandia de pequeña, recuerdo que me sorprendió ver que las tailandesas siempre iban por la calle de la mano con sus amigas. Se tocaban con naturalidad y afecto. Cuando me trasladé a Estados Unidos sentí como si hubiera una brecha insalvable entre mis amigas y yo, solo mantenías contacto físico con una chica si te atraía sexualmente.

Cuando conocí a mi amiga Jesikah, que casualmente también había vivido parte de su niñez en el sudeste asiático, me encantó la gran naturalidad con la que tocaba a cada persona con la que se relacionaba. Su forma de ser nunca me resultó rara o invasiva, siempre era un contacto físico amistoso y cariñoso. Deseé tener el mismo don curativo, esa manera de conectar con los demás a través del tacto. Al final, superé mi timidez y mi miedo al rechazo y aprendí a conversar manteniendo un cariñoso contacto físico con la gente.

En la actualidad, suelo mantener contacto físico con los demás porque crea un ambiente cálido. Aunque a algunas personas no les gusta que las toquen, y es algo que hay que respetar. Pero mucha gente está ansiando el simple regalo de sentir una mano posada en su brazo, un beso en la mejilla, o un abrazo estrecho y cálido. También puedes recibir tu ración de contacto físico recurriendo a otras cosas agradables: acaricia a animales, pega el cuerpo a un árbol, arrima la mejilla al refrescante mármol de la encimera de la cocina. Deja que este contacto físico te ayude a mantener una comunión más auténtica y presente con la vida: con la gente, las plantas, los animales, los minerales y muchas otras cosas más.

EJERCICIO TÁCTIL

Empieza aprendiendo a tocarte el cuerpo estando plenamente presente. Une las manos, siente el placer de este contacto, piel contra piel, percibe el contacto de tus manos unidas en los dedos y las palmas. Si notas que vuelves a tu «cabeza» en lugar de fijarte en tu cuerpo, cierra los ojos. Rodéate las mejillas con las manos ahuecadas, siente el contacto físico. Recíbelo. Ponte las manos en cualquier parte del cuerpo donde sientas tensión o dolor, y envíate bondad amorosa. En la ducha, baja el ritmo y deja que tus manos toquen y honren cada parte de tu cuerpo, desde los dedos de los pies hasta el cuero cabelludo.

Deja ahora que la naturaleza te toque. Ábrete al viento, a la hierba bajo tus pies (descálzate por un minuto) y al suave hocico de tu perro. Disfruta del contacto físico. Deja que expanda tus percepciones y calme tu lado animal. Lo que tanto deseamos sentir está a nuestro alcance de mil pequeñas formas.

Mantén ahora contacto físico con tus amigas más íntimas. Posa tu mano con suavidad en su brazo mientras habláis. Cógele de la mano cuando paseéis. Dale un abrazo sin esperar nada a cambio. Te sorprenderá ver cómo la gente se abre a ti y que algunas de tus amistades se vuelven más estrechas al aumentar el contacto físico en tus relaciones.

Abandona las definiciones, abraza el ahora

Al desprenderte de las antiguas definiciones de quién eres y vivir con los cinco sentidos, conectas con los regalos inmensos que cada uno te da. Usa tu carisma de Diosa Guerrera para centrarte en ellos, uno a uno. Sácales el máximo partido mientras sientes la grandeza de tu templo interior y el misterio que se acaba de revelar a tu alrededor.

Con esta nueva base de plena conciencia sagrada, descubrirás que tu autenticidad, tu presencia y tu alegría cada vez son mayores. No ignores las maravillas de tus sentidos, ¡los tienes para ayudarte a ser tú al cien por cien!

Desde este estado de conciencia plena, viajarás al mundo del «SÍ» y aprenderás cómo esta palabra es tu pasaporte para la libertad.

Autenticidad: recursos para la conciencia plena

Dones

- Sin darte cuenta, sueles usar los sentidos para mirar y escuchar lo que ya sabes.
- La conciencia plena te libera del lastre de los pensamientos sobre el pasado y de la carga de las preocupaciones sobre el futuro, y te permite vivir el presente para aprender de tus vivencias interiores y exteriores actuales e implicarte en ellas.
- Los cinco sentidos son herramientas de las que dispones para llevarte de vuelta a tu yo auténtico que vive el ahora.

Exploraciones

CELEBRA TUS SENTIDOS

Un capítulo sobre la conciencia plena es por definición una exploración en sí misma. Te sugiero que vuelvas a leer la sección de los cinco sentidos y reflexiones sobre ella, pero esta vez céntrate a diario en uno de los sentidos durante cinco días. Intenta desconectar cada sentido de tus pensamientos y conectar tus sentidos sagrados —la vista, el tacto, el gusto, el olfato y el oído— con tu corazón.

Dedica un día entero a un sentido en particular. Ve cada sentido como un maestro para que te ofrezca una nueva sabiduría y te guíe en la vida.

TERCERA PARTE

¡SÍ!

«Sí» tiene que ver con la celebración. Con celebrarlo todo. Siempre. Se trata de un gran arte que no está hecho para los pusilánimes. A la mayoría nos gusta celebrar nuestros éxitos, pero en este caso me estoy refiriendo a celebrar nuestras pérdidas importantes. Significa buscarle el lado bueno a cada situación, aunque algo no te haya ido como esperabas. Encontrar la alegría en tu pena. Aceptar con entusiasmo tu lado oscuro. Felicitarte cuando metes la pata. Y luego volcarte al cien por cien en la siguiente acción.

Antes de empezar los últimos capítulos del camino de la Diosa Guerrera, me gustaría presentarte una práctica radical que te servirá como punto de referencia para el resto del libro: el arte de aprender a amarlo todo. Aunque a veces cueste una barbaridad, el primer paso para alcanzarlo es observar tu mente, percatándote de cualquier «no» que surja en ella, e intentando reemplazarlo por un «sí».

A todas nos vienen a la cabeza situaciones tanto nimias como importantes en las que diríamos «no». No al tráfico denso. No a la lluvia. No a las patas de gallo. No al fin de una relación que no queremos que termine. No al cáncer. Etcétera. Pero todas estas cosas tienen en común que ocurren, nos gusten o no. No necesitan nuestro permiso ni nuestra aprobación. ¿Qué sucede cuando les decimos «no»? Que sufrimos. Está ocurriendo algo que se nos va de las manos y luchamos contra ello mental y energéticamente. Pero si luchamos contra algo inevitable, le estamos dando nuestro poder.

Cuando te olvidas del «no» para centrarte en el «¡Sí!», tu percepción da un giro de 180 grados y recuperas tu poder. Detrás de cada «no debería haber sido así» hay una invitación a exclamar «¡Sí!», a aceptar la realidad y a afrontarla con el espíritu de la Diosa Guerrera. Cuando cambias tu «no» por un «¡Sí!», dejas de ser una víctima. Pocas veces es fácil hacerlo, pero cuando lo apliques en tu vida descubrirás que vives el mundo de una forma totalmente distinta.

Veamos un par de ejemplos para ilustrar cómo ponerlo en práctica en la vida real.

Imagínate que al salir de tu casa —vas a llegar tarde al trabajo si no te apresuras— pisas sin querer excremento de perro. ¿Te imaginas en esta situación? ¿Cómo reaccionarías? ¿Qué ocurriría en tu cuerpo? Probablemente te tensarías, retrocederías y quizá incluso soltarías una palabrota, o dirías algo como: «¿Por qué me ha tenido que pasar a mí?» Tal vez te juzgarías por no haberte fijado por dónde caminabas, o te enojarías con el vecino por no tener encerrado al perro en el jardín. Si mantienes este estado mental, te aferrarás a ese «no» interior mientras te limpias la caca del zapato. Y, al igual que el olor desagradable que perdura, seguirás estando tensa mucho después del incidente.

Ahora reescribiré la historia con el poderoso «¡Sí!» como protagonista. Pisas sin querer excremento de perro, pero esta vez exclamas: «¡Sí, es caca de perro!» El «¡Sí» te mantiene receptiva y curiosa a lo que ocurrirá a continuación. Con una actitud serena de Diosa Guerrera de «esto es lo que ha ocurrido y lo resolveré», limpias el zapato y punto. Sin dramas, sin acusaciones, sin disgustos. Lo limpias y sigues andando. Quizá llames al vecino para pedirle que no deje salir al perro a la calle, o tal vez llames al trabajo para comunicarles que llegarás tarde. Mientras conduces dirigiéndote al trabajo, te sientes libre y relajada. Sabes que llegarás a la hora perfecta, sea la que sea.

A medida que intentas afrontar con un «¡Sí!» cualquier pequeño contratiempo como este, cambias de actitud, abordas las situaciones con un «¡Sí!» tras otro a modo de pasaderas que te permiten cruzar un río. Y entonces, incluso en las situaciones más difíciles, encontrarás la fuerza para exclamar «¡Sí!»

Por ejemplo, hace poco oí que a una mujer que seguía el camino de la Diosa Guerrera le diagnosticaron a los cuarenta un cáncer de mama. El primer día de su tratamiento de radioterapia, de treinta y tres días de duración, se plantó ante el armario intentando decidir qué se pondría. De pronto tuvo una gran idea, una forma de exclamar «¡Sí!» ante esta difícil situación. Decidió cambiar de vestido cada día del tratamiento. Llevó desde vestidos de noche que había colocado en el fondo del armario hasta vestidos nuevos que había comprado para la ocasión, e incluso un par que le enviaron amigas y desconocidos. En lugar de centrarse en: «No, no quiero que esto me ocurra», encontró la manera de decir: «¡Sí!, celebraré creativamente cada día de tratamiento de radioterapia». Esta actitud le permitió sentirse fenomenal en los momentos más duros y ser una fuente de inspiración para muchas mujeres de su entorno.

Una forma de describir los grandes retos de nuestra vida es como «giros del destino». Tu vida es muy agradable y, de golpe, te topas con un momento de «¡No, no puede ser!»: tu pareja contrae una enfermedad crónica, te despiden en la empresa en la que llevabas trabajando veinte años, o necesitas renovar el aire acondicionado de tu casa en el verano más caluroso del que te acuerdas, a la vez que tienes dificultades para hacer frente a los gastos de comida.

En esos momentos es cuando el camino de la Diosa Guerrera te invita a exclamar «¡Sí!» No me refiero a decir: «Sí, me lo merezco», o «Sí, estoy de acuerdo», o ni siquiera «Sí, me gusta», sino a exclamar «¡Sí!», porque es la realidad, y aceptarla con la mente despejada te ayuda a afrontar el reto con valentía y desenvoltura, y a abrirte para ver los aspectos positivos inesperados u ocultos de la situación.

Quiero aclarar que decir «¡Sí!» no significa que te quedes de brazos cruzados sin intentar cambiar las cosas cuando es posible cambiarlas. Cuando tienes mejores alternativas, no te conformas con la situación.

Para muchas mujeres que conozco es importante aprender a exclamar con fuerza y firmeza desde lo más hondo: «¡no!». A muchas mujeres las han condicionado a decir sí cuando quieren decir no, a dar hasta la última gota de su tiempo, energía y recursos a fijar un límite solo cuando están a punto de estallar. Pero no me estoy refiriendo a esta clase de situaciones. En realidad, aprender a negarte a una petición es decirte sí a ti misma.

Además, exclamar «¡Sí!» no significa que no sientas tristeza o pena por un incidente en particular, ni tampoco que la vida vaya a ser un camino de rosas de ahora en adelante. Pero cuando afrontas con un «¡Sí!» los momentos difíciles, en lugar de no aceptarlos, descubres que recuperas tu poder.

Una forma excelente de poner en práctica el arte de decir «¡Sí!» es mediante una limpieza interna y externa. Te guste o no, la vida puede llenarnos de porquería. Hasta cuando creemos haber superado los grandes traumas y desastres del pasado, de vez en cuando siguen apareciendo hábitos mentales y sentimientos, al igual que situaciones, que requieren nuestra atención. El mundo es así, y por eso la limpieza diaria y las tareas de mantenimiento tienen que ver con la práctica de decir «¡Sí!» a la vida.

8

¡Sí! Limpia y cuida tu hogar interior

La aceptación, la apertura y el amor son las llaves
con las que abrimos la puerta de nuestra mazmorra.
Arnaud Desjardins

Imagínate que vives en una casa que nunca limpias. Visualiza cómo sería si nunca lavaras los platos, ni tiraras la basura, ni recogieras la ropa del suelo, ni pasaras la aspiradora ni quitaras el polvo. Al cabo de poco, con la suciedad maloliente llegándote a las rodillas, rebuscarías entre las montañas de ropa apestosa para encontrar algo que ponerte, asqueada por los restos de comida podrida pegada a los platos, y además tendrías que vértelas con los engendros del polvo, de grandes y afilados dientes.

Ahora imagínate que vives en una casa como esta con tus padres, tus hermanos, tus maestros de la infancia, tus amigos y cualquier otra persona que te haya influido en la niñez. Y también con tus exparejas y examantes.

No es una imagen demasiado agradable, ¿verdad?

Visualizar el caos de una casa sucia es fácil, pero ver los efectos de no ocuparnos de nuestro hogar interior, o de lo que yo llamo el «Hogar en Ti», ya cuesta más, aunque sea igual de desastroso.

El Hogar en Ti no es el espacio exterior donde comes y duermes, sino un hogar dentro de ti muchísimo más importante. Es el hogar de tu esencia, tu chispa, tu aspecto divino. El Hogar en Ti es como un templo sagrado compuesto de cuatro áreas principales: el ser mental, el ser emocional, el ser físico y el ser espiritual. Si comparamos estos elementos interiores con tu hogar exterior, se podría decir que tu ser físico es la estructura de tu hogar, tu ser mental es la electricidad que le da energía, tu ser emocional representa el ambiente y tu ser espiritual es la fuerza indescriptible del amor que transforma una casa en un hogar. Estos cuatro elementos se entretejen para formar la encarnación milagrosa y singular que tú eres.

Que estés aquí, leyendo este libro, significa que probablemente has limpiado muchas partes de tu hogar interior con las lecciones del entrenamiento de la Diosa Guerrera y las del camino de la Diosa Guerrera. Pero si eres como la mayoría de las mujeres que conozco, tu hogar interior no es un espacio inmaculado, una maravilla en lo que respecta al orden y la limpieza, y no estará totalmente libre de suciedad si no lo cuidas a diario. Los problemas emocionales pueden surgir en el momento más inesperado, los sentimientos se desparraman (o se esconden bajo la alfombra, listos para salir a la luz más tarde), y los pensamientos de autocensura o autorrechazo parecen salir de la nada y abarrotar nuestro espacio mental. Este capítulo te enseñará a mantener limpio a diario el Hogar en Ti y a acostumbrarte a afrontar con un «¡Sí!» este proceso de limpieza.

He puesto tu hogar exterior como metáfora del Hogar en Ti para que hagas una conexión sagrada entre cuidar y mantener tu ser interior y mantener en buen estado tu domicilio físico. Mi amiga y compañera Stephanie Bennett Vogt ha escrito extensamente sobre este tema en su primer libro (*Your Spacious Self: Clear the Clutter and Discover Who You Are*, Hierophant, 2012). Como verás en este capítulo, lo que es bueno para el lugar donde cuelgas la ropa también lo es para quien la lleva puesta.

El mantenimiento como camino sagrado: la unión de lo interior y lo exterior

¿Te has quedado maravillada alguna vez por cómo la naturaleza se impone sobre la civilización? La hierba y los matojos brotan de las grietas de las aceras para suavizar los bordillos e iniciar rápidamente el proceso de descomponer la piedra. Los insectos se mudan a edificios abandonados y aceleran su desintegración. La lluvia y el sol van desgastando implacablemente el color y la materia de aquello que tocan, incluso de algo tan sólido como una camioneta vieja abandonada en medio del campo.

Sin cuidados constantes y atención, la entropía, o tendencia de la naturaleza a pasar del orden al desorden en los sistemas aislados, es la ley. En un instante te secas alegremente las manos tras lavar los platos y, al siguiente, la pileta vuelve a estar llena. Por la mañana ordenas una habitación dejándola impoluta, y al volver por la noche descubres que está tan desordenada como la de un marinero borracho.

Si eres como yo, probablemente preferirías limpiar un espacio a fondo una sola vez en la vida y que se quedara impecable y ordenado para siempre. Pero la realidad es que cualquier sistema tiende al desorden si no se cuida. Esto incluye desde la colada en la cesta hasta los pensamientos en la mente. De un día para otro, el orden que hay en tu vida se puede transformar en puro caos. No es nada personal, así es el mundo y, al igual que necesitas comer a diario y limpiar el suelo a menudo, tienes que limpiar tu mente, tus emociones y tu cuerpo para que se mantengan serenos y saludables.

Te invito a intentar unir lo interno con lo externo y a cambiar de mentalidad para abordar esta tarea de mantenimiento siendo consciente de ella y con la actitud de «¡Sí!» Por ejemplo, lavar los platos es la oportunidad para ser consciente de la respiración y de tu quietud. Regar las plantas es una manera de estar en comunión con el mundo vegetal. Pagar las facturas es una meditación sobre el ir y venir de los recursos y un momento para sentirte agradecida por lo que tienes. Limpiar el cuarto de baño y llevar las cuentas se convierte en parte de tu camino espiritual en lugar de hacerlo a regañadientes. Si ves el mantenimiento de tu hogar como una tarea sagrada y divertida, te sentirás mucho mejor. Para la mayoría de las mujeres, esta clase de quehaceres nos permite transformar de maneras concretas un «no» en un «¡Sí!»

Para mantener tu interior en buen estado tienes que procurar estar presente y ser consciente de tus pensamientos, tus emociones, tus respuestas físicas y tu entorno a todas horas. Tu atención te mostrará en qué te estás equivocando en los enturbiadores aspectos de culparte, juzgarte o compararte (para nombrar unos pocos trapos sucios). Mantén tu hogar interior limpio *observando* continuamente tu mente en lugar de *creértela*. Cada vez que des cuenta que tienes pensamientos o emociones negativas, ponte tu ropa de limpiar de superheroína de la Diosa Guerrera y empieza a sacar la mugre del autorrechazo y la autocensura que está encenagando tu paisaje interior.

Tu actitud observadora es como la esponja jabonosa del amor que limpia las sucias partículas de la autocensura. Limpiar el miedo —que es de donde viene toda la mugre— te permite ver tu reflejo verdadero y actuar con la mayor integridad.

La tarea de mantenimiento interior no implica necesariamente desprenderte de tus pensamientos o emociones, sino que te ayuda a dejar de creer en las voces enturbiadoras que oyes en tu cabeza para que conectes con tu conciencia inmaculada y pura, y tomes tus decisiones desde este estado fundamental claro y celebrador.

Las dos escenas siguientes de la vida real ilustran cómo vincular la limpieza exterior con la interior. La primera es un ejemplo sencillo de lavar los platos, y la segunda tiene que ver con tomarte los actos de los demás a pecho.

Platos sucios

Los platos sucios podían conmigo. A veces estaba convencida de que la noche anterior unos *gremlins* habían celebrado una fiesta por todo lo alto en mi casa y dejaban los platos sucios para que los lavara. Entendía la necesidad de tener la cocina limpia, pero muchas veces no disponía del tiempo o de la energía para lavarlos después de cada comida. Como esta tarea era un engorro para mí, a los pocos días la pileta de mi pequeña cocina parecía más un peligro público que un lugar donde encontrar agua limpia para beber o con la que lavar los platos.

Después de lo que me parecieron décadas de estar intentando inútilmente tener la cocina limpia, al final se me ocurrió crear un sistema que me funcionara, en lugar de esforzarme inútilmente. Hace unos años volví a casa tras unas vacaciones decidida de nuevo a cambiar varios viejos hábitos. Me dediqué a imaginar y crear un nuevo método de lavar los platos que en lugar de frustrarme me hiciera sentir liberada.

El método era muy sencillo. Me propuse lavar los platos cada noche antes de acostarme. Lo que marcó una gran diferencia fue ver lo bien que me sentiría por la mañana si me encontraba la cocina limpia al despertar. Me olvidé de *intentar* lavar los platos después de cada comida y, en su lugar, me prometí lavarlos *a toda costa* cada noche, tanto si estaba agotada o de mal humor como si eran las tantas de la noche o me inventaba cualquier otra excusa para escaquearme. Mantuve mi promesa porque sabía que empezar la mañana con la mente despejada era bueno para mí.

Además, añadí algo que transformó la tarea engorrosa en un ritual sagrado con un objetivo claro: mientras lavaba los platos por la noche repasaba cómo me había ido el día, y manifestaba gratitud por mis experiencias y amigos. Y además, dejaba que todo cuanto no necesitaba llevarme a la cama se fuera por el desagüe de la pileta, junto con el agua jabonosa de enjuagar los platos. Al igual que la pileta de la cocina, me levantaba por la mañana despejada y lista para el día que me esperaba.

Cuando empecé a hacerlo por primera vez, algunos días me costó una barbaridad mantener mi promesa, y mi mente me lo ponía aún más difícil inventándose mil y una excusas para no lavar los platos. Pero cada noche me decía «¡Sí!», pese a mi resistencia, y cumplía mi promesa de no acostarme sin antes lavarlos. Descubrí que cada noche me iba a la cama sintiéndome más libre y despejada, y aprovechaba ese rato para reflexionar sobre el día y dejar que el agua jabonosa de lavar los platos se llevara toda mi tensión. Y cada mañana mi cocina me daba los buenos días alegremente con su estado impecable. La espaciosidad física se tradujo en una mayor espaciosidad interior, y empezaba la jornada con la sensación de que me estaba esperando un día lleno de posibilidades, en lugar de afrontarlo con la mugre emocional del pasado.

Cuando descubras una tarea diaria que te parezca una lata —limpiarte los dientes con hilo dental, ir con el coche al trabajo, consultar los correos electrónicos—, aprovecha la ocasión para transformar tu no en un «¡Sí!» Observa cómo, al proponerte combinar una tarea exterior con un objetivo interior sagrado, no solo la llevas a cabo sistemáticamente, sino que además la ves de otra manera.

Proceso en cuatro pasos para no tomarte algo a pecho

Que te tomes las palabras o los actos de otra persona a pecho te está indicando que hay algo en tu mundo interior que necesitas limpiar. Cuando te tomas algo personalmente, es como si se estuviera iluminando con un potente foco un rincón de tu ser donde se ha acumulado la suciedad. No te das por aludida por los problemas de la otra persona, sino porque te recuerda tus conflictos interiores.

Imagínate que al visitar a alguien descubres que la sala de estar de su casa está sucia. Probablemente te diste cuenta del caos, y tal vez lo juzgaste o no. Pero no creo que pensaras que la habías ensuciado tú o que estaba sucia por tu culpa, aunque te dijeran que eras tú la que la habías dejado hecha un asco. No te tomarías la suciedad, o ni siquiera la acusación, a pecho, sabrías que no era verdad.

Es fácil ver que no has ensuciado la casa de otra persona, pero cuando se trata de otros aspectos más complicados de tu propia vida, la cosa ya cuesta más. El siguiente ejemplo, sacado de la vida real, ilustra cómo una de mis alumnas aplicó el proceso en cuatro pasos para dejar de tomarse a pecho las palabras y las acciones de otra persona.

Gina llegó a una de nuestras sesiones sintiéndose de lo más frustrada. Estaba al límite. La relación estresante que mantenía con su madre le estaba pasando factura. Pese a llevar años limpiando su pasado y prestando atención cuando hablaba por teléfono con ella o iba a visitarla, siempre acababa afectada por algo que esta decía o hacía. Se tomaba las palabras y acciones de su madre a pecho, y entonces sentía esa conocida rabia, tristeza y rebelión pegada cual mugre a la boca del estómago. A veces los efectos emocionales de sus encuentros eran tan fuertes que tenía que pasarse varios días haciendo prácticas espirituales para recuperar la calma.

«Quiero a mi madre y me gustaría de verdad poder pasar tiempo con ella sin sentir como si me tragara una bola gigantesca de alquitrán», me decía.

Sabía que Gina había estado limpiando a fondo los efectos de la relación que había mantenido con su madre —por ejemplo, perdonándola, afrontando sus actos como hija y asumiéndolos—, de modo que le sugerí un método nuevo de limpieza para cambiar sus interacciones presentes y futuras.

Estos son los pasos que le propuse para que limpiara la relación con su madre tanto en el presente como en el futuro. Puedes aplicarlos a cualquier relación que genere ese cúmulo de mugre emocional en tu interior.

1. Acepta el punto de tu vida en el que estás. (Di «¡Sí!»)

2. Acepta el punto en el que está la otra persona. (Di «¡Sí!»)

3. Practica cómo quieres ser en esta situación.

4. Planea una respuesta distinta para la próxima vez.

En este caso, Gina se propuso de veras dar los cuatro pasos. Cambió su punto de vista y dejó de juzgarse por seguir teniendo problemas con su madre. La aceptó tal como era y dejó, por ejemplo, de desear que su madre fuera de otra manera en cualquier sentido. Se percató de que con una de sus compañeras de trabajo también le ocurría algo parecido, y decidió pasar más tiempo con ella intentando aceptarla y descubrir por qué le sacaba de sus casillas.

Después, hizo una lista de todas las formas en las que se tomaba personalmente las palabras y los actos de su madre, y se le ocurrió un experimento: la próxima vez que la visitara, haría todo lo posible por escucharla y pedirle que le aclarara algunas cuestiones sobre lo que le estaba diciendo, en vez de defenderse o llevarle la contraria. Gina se recordaba en todo momento que las opiniones de su madre no eran más que una expresión de quién era ella, en lugar de una información objetiva sobre sus propias vivencias o carácter. Al final, decidió visitarla dos días seguidos como máximo. Sabía que si lo hacía por más tiempo sería incapaz de prestar atención y de mantener la calma.

Con el tiempo, la relación de Gina con su madre cambió por completo. Seguía necesitando ser consciente de cualquier enojo y mugre emocional que acumulara en su interior (le solía pasar cuando deseaba que su madre fuera distinta), pero ahora al visitarla, en vez de acabar frustrada e infeliz, sentía paz y agradecimiento.

Cuando algo no te funcione en tu hogar externo o interno, no te culpes ni le eches la culpa a los demás, pero no ignores tampoco el problema. Afronta la situación con un espíritu de «¡Sí!» deseando descubrir el problema y resolverlo. Sé una mezcla de Nancy Drew[1] y de Eloisa,[2] y cambia de chip, intenta superar cualquier obstáculo actuando correctamente y aplicando métodos sólidos que te permitan sentirte limpia por dentro en el futuro. En el apartado de las exploraciones puedes ponerlo en práctica con varios ejercicios de limpieza muy eficaces. Espero que al eliminar cualquier mugre interior afrontes con más «¡Síes!» las situaciones inevitables de la vida ante las que, de lo contrario, te rebelarías, y que todo cuanto hagas te resulte más fácil.

¡Sí!: recursos para la limpieza

Dones

- Transformar cada «no» en un «¡Sí!» intencionado es un acto de amor hacia ti.
- Cuando dices «¡Sí!» a la realidad de las tareas de mantenimiento diario, te sientes mejor y fluyes más en la vida cotidiana.
- Cuando te tomas algo a pecho, tu reacción emocional te está indicando un problema interior que ha salido a la luz. Di «¡Sí!» y explora qué aspecto interior tuyo está listo para una limpieza.

---

1. La protagonista de una serie de libros juveniles, escrita por el autor estadounidense Edward Stratemeyer. Nancy es una chica vital y segura de sí misma que siempre quiere resolver todo tipo de misterios y secretos como una detective. Los primeros cuatro títulos se publicaron en 1930 y fueron un gran éxito de ventas. *(N. de la T.)*

2. La tía de Nancy. *(N. de la T.)*

Exploraciones

LIMPIA LO DE FUERA Y LO DE DENTRO

Este ejercicio en tres pasos te ayudará a limpiar lo de fuera y lo de dentro. Nota sobre practicidad: en este caso, he agrupado la limpieza interior y la exterior para hacer una conexión sagrada entre una y otra, pero al principio tal vez te resulte más fácil aplicar primero los pasos 1, 2 y 3 en tu hogar exterior, y más adelante en tu hogar interior.

Paso 1: repara en lo que debes limpiar sin ensuciarlo más aún

Para determinar qué habitación de tu hogar empezarás a limpiar, sin duda no te pondrás unas botas llenas de mugre que lo dejen todo perdido. De la misma manera, cuando intentes descubrir en qué debes fijarte de inmediato en tu interior, ten cuidado de no hacerlo con una actitud censuradora. Recuerda que el primer paso es siempre reparar en (u observar) lo que tienes que limpiar. Si te juzgas a ti, o juzgas tu entorno, por necesitar una nueva limpieza, solo empeorarás más las cosas. Todas las personas y todas las cosas requieren una limpieza regular, y si te censuras por ello es como si ensuciaras las alfombras de tu hogar con caca de perro y te preguntaras por qué siguen oliendo mal. Mientras realizas la siguiente tarea, obsérvalo todo sin juzgarlo.

En el caso de tu hogar exterior, descálzate y ve visitando cada habitación como si la vieras por primera vez (¡y sí, armarios incluidos!). Resístete a la tentación de embarrar la situación haciendo comparaciones, deseando que fuera distinta o aferrándote a cualquier cosa que veas. Fíjate simplemente en lo que descubres en tu mundo exterior y hazte las siguientes preguntas: «¿Qué me gustaría cambiar en la habitación si la estuviera viendo por primera vez? ¿Qué objetos no me alimentan el alma ni me hacen sonreír cuando los veo? ¿Qué me gustaría añadir para que el espacio fuera más acogedor? ¿Hay algo que haya estado queriendo limpiar, arreglar o sacar pero aún no lo he hecho?»

No lo hagas ahora mismo, solo repara en ello. Te aconsejo que vayas tomando notas en una libretita mientras visitas una habitación tras otra. Si la idea de ir a más de una habitación te agobia, revisa solo una por el momento.

En el caso de tu hogar interior, dedica un momento a revisar tu estado mental, emocional, físico y espiritual. Asegúrate de no juzgar nada; examina, simplemente, tu paisaje interior como si fueras una espectadora. ¿Cómo te sientes hoy físicamente? ¿Cuál es tu actitud mental? ¿Qué ocurre con tus emociones? ¿Qué clases de pensamientos te han estado viniendo a la cabeza? ¿A qué historias les has estado dando vueltas? ¿Te sientes conectada con tu espíritu? ¿Sientes que vives el momento presente? ¿Lamentas algo del pasado? ¿Te preocupa el futuro? Sé curiosa y observa cualquier cosa que te cause hoy tristeza, sufrimiento o malestar, y averigua si puedes descubrir la causa. Al igual que has hecho con tu hogar exterior, anota en la libretita lo que hayas observado.

Paso 2: repara en lo que necesitas limpiar o eliminar

Ahora que ya sabes lo que está ocurriendo fuera y dentro de ti, ha llegado el momento de decidir qué tienes que limpiar o cambiar. Creas espacio en tu mundo interior y exterior al zanjar o resolver cualquier problema mental o físico que te agobie. En este paso escribirás lo que harás para solucionar cualquier problema que hayas advertido en el primer paso.

En lo que respecta a tu hogar exterior, observa los objetos de tu alrededor. ¿Cuáles te alegran el alma o te sirven? Si no usas algo y no te gusta, ¿por qué lo conservas? Es decir, pregúntate: «¿Realmente lo necesito? ¿En qué me beneficia?» Si estás dudosa sobre si es hora de desprenderte o no de un objeto, métalo en una caja durante un tiempo y fíjate en si piensas alguna vez en él. Y no olvides que si te han dejado de gustar algunos objetos que en el pasado te entusiasmaban, o si nunca te acabaron de convencer, lo más probable es que a alguien le gusten. Regálaselos a quien los valore o los aproveche. Déjalos en una tienda de artículos de segunda mano con fines benéficos, dáselos a las amigas o llévatelos al trabajo para ver si alguien se encapricha de ellos.

Pregúntate: «¿Hay algún proyecto de limpieza o de otro tipo pendiente? ¿He metido cosas bajo la alfombra o en el armario? ¿Hay algo que necesite reparar? ¿Mejoraría la energía de mi hogar si cambiara la disposición de los muebles?» Ábrete a cualquier posibilidad nueva que se te ocurra en ese momento y escribe esas acciones en la libretita.

En lo que respecta a tu hogar interior, pregúntate: «¿Cómo me siento física, mental, emocional y espiritualmente? ¿Qué aspectos necesitan una limpieza y cómo lo haré?» Por ejemplo, si te sientes hambrienta, cansada o enferma, tu estado de ánimo lo reflejará. ¿Es hora de comer o de dormir una siesta? Y si la situación no te permite llevarte algo a la boca o dar una cabezadita, ¿eres consciente de estar de «mal humor» por no satisfacer tus necesidades físicas? Si es así, ve con tiento.

Si notas que tus pensamientos o emociones te desasosiegan, hablar con una voz apacible (un miembro de tu *sangha*) te ayudará a calmarte. Un amigo mío muy querido afirma: «El secreto está en compartir», y se refiere a que el simple hecho de contarle a alguien lo que nos preocupa hace que nos sintamos mejor, aunque la situación no haya cambiado.

Y, en último lugar, ¿qué puedes hacer para recuperar tu equilibrio espiritual? Tal vez una de las meditaciones que he descrito antes, o recitar una oración en silencio, o repetir un mantra. No olvides anotar lo que harás. En el siguiente paso analizaré cómo llevarlo a cabo.

Paso 3: ha llegado el momento de actuar, paso a paso

Muchas veces queremos limpiar el espacio de nuestro mundo interior y exterior, pero si te propones hacerlo todo de golpe lo más probable es que te agobies y que tires la toalla. El truco está en centrarte en limpiar solo un ámbito cada vez. Al ir poco a poco en vez de intentar hacerlo de un tirón, confías en que conseguirás transformarlo.

En cuanto a tu hogar exterior, empieza por la habitación en la que más tiempo pases y elige una sola tarea de la lista: limpiar, reparar o cambiar algo de lugar. Céntrate en esta tarea y no hagas ninguna otra hasta haberla terminado. Una vez terminada, táchala de la lista y decide si tienes el tiempo y la energía para hacer la siguiente, o si es mejor dejarla para otro día. Procura no fustigarte por no rendir más y felicítate por haberla llevado a cabo.

Respecto a tu hogar interior, pregúntate: «¿En qué aspecto de mi interior debo fijarme? ¿Es el mental, el emocional, el espiritual o el físico?» En cuanto sepas en qué aspecto te fijarás, céntrate en resolverlo. ¿Qué debes hacer (¿compartir tus sentimientos con un amigo, comer algo, meditar)? Céntrate solo en ese aspecto y luego táchalo de la lista, y si todavía te queda energía, intenta resolver el siguiente.

HAZ QUE LA LIMPIEZA SEA MANEJABLE

Como ya he mencionado en el ejercicio anterior, para que tu plan de mantenimiento diario te funcione, el secreto está en que sea manejable. Para este ejercicio, elige un aspecto de tu hogar exterior o interior. Pregúntate: «¿Esta tarea me parece practicable?» Si la respuesta es no, divídela en partes para que sea más manejable. Los dos siguientes ejemplos te muestran cómo llevarlo a cabo.

- En el hogar exterior: limpia el garaje.
- Realidad: dependiendo del estado en el que esté, esta tarea puede ser demasiado monumental o vaga. Divídela en partes. Céntrate en el primer pequeño paso y fíjate un tiempo para realizarla. Tu objetivo es limpiar el garaje, pero lo divides en partes para que te resulte más fácil.
- Paso manejable: el miércoles ya tienes que haber guardado todas las herramientas en una zona del garaje. Una vez hecho, celébralo viendo lo agradable que es saber dónde está el

destornillador que necesitas. Estupendo. Elige el siguiente pequeño paso para limpiar el garaje.

También es una buena idea ver en qué momento del día prefieres hacer la limpieza, dependiendo de cuándo tienes más energía. Puede ser a las seis de la mañana, al mediodía o a medianoche, según cuál sea tu disposición. Si hay un momento del día en el que te apetece más hacerlo, procura reservártelo para este tipo de tareas. Crea un ambiente relajante poniendo tu música preferida o mimándote de alguna otra forma.

- En el hogar: supera el miedo a los desconocidos que has heredado de tu madre.
- Realidad: esta tarea es demasiado grande y vaga. Divídela en pequeños pasos y fíjate un plazo de tiempo.
- Pasito manejable: cada día, al volver a casa del trabajo, me sentaré cinco minutos en un banco de mi parque favorito para relajarme y respirar hondo mientras observo a los desconocidos. (Una vez terminada la tarea, no olvides felicitarte por tu valentía y tu tenacidad. Elige luego el siguiente pequeño paso para superar tu miedo a los desconocidos.)

Este ejercicio sirve para que, cada vez que te sientas abrumada por un proyecto de limpieza interior o exterior, sepas que la solución está en dividirlo en pasos más pequeños (a veces, pequeñísimos).

LIMPIA EL CHISMORREO DE TU VIDA

Tus palabras (tanto las que te dices en tu cabeza como las que expresas en voz alta) son tremendamente poderosas. Céntrate en limpiar la comunicación verbal y no verbal que mantienes contigo misma y con las personas de tu vida.

Una buena idea es fijarte en el chismorreo. Se puede dar de formas muy sutiles, sutilísimas. Observa cuándo participas en chismorreos y cómo esta costumbre no le hace ningún bien a las personas de las que chismorreas ni tampoco te lo hace a ti.

Proponte no chismorrear durante una semana. Si te descubres volviendo a las andadas, observa los resultados y cómo te sientes. Nota la rapidez con la que un chisme se propaga y cómo afecta a los demás, a modo de una mancha de petróleo en una playa que deja huella allí por donde pasa.

DISTINGUE EL MANTENIMIENTO DE LOS PROYECTOS

Un proyecto tiene un principio y un final, y se puede componer de uno o más pasos, incluso de centenares.

Las tareas de mantenimiento, en cambio, son continuas, no se acaban nunca. Si quieres vivir en una casa acogedora o conducir un coche que esté en condiciones, tienes que mantenerlos en buen estado siempre.

Para distinguir las tareas de mantenimiento de los proyectos, haz dos listas: la de los proyectos de tu hogar y la de las tareas de mantenimiento. «Limpiar el garaje» es un proyecto; en cambio, «Mantener el garaje limpio» es una tarea de mantenimiento. «Ir al dentista» es un proyecto (buscar el teléfono de la clínica dental, concertar una cita, ir a la cita, el dentista me regalará un cepillo de dientes), mientras que «limpiarte los dientes con hilo dental a diario» es una tarea de mantenimiento.

Para cada tarea de mantenimiento de la lista, escribe el tiempo aproximado que te llevará y la frecuencia con la que te gustaría realizarla. Hazte una idea aproximada. Si no lo sabes, intenta adivinarlo y luego ten en cuenta el tiempo que te lleva o el que puedes dedicarle a una tarea de mantenimiento en particular.

Por ejemplo, «Mantén el garaje limpio» se concreta como «Dedica quince minutos a la semana a mantener el garaje limpio».

«Limpiar los platos» equivale a «Dedica diez minutos a lavar los platos después de comer o antes de acostarte cada noche».

La lista te ayudará a programar las tareas de mantenimiento regulares para no acabar viéndote obligada a realizar más proyectos. (Si no reservas un tiempo a la semana a mantener el garaje limpio, no te quedará más remedio que afrontar el proyecto abrumador de «limpia el garaje».)

9

¡Sí! Las relaciones

Para que tu vida cambie solo hace falta una persona: tú.

Ruth Casey

Imagínate que al despertar cada día te pones la mano sobre el corazón y te dices: «Buenos días, querida. ¡Hoy nos espera un día fabuloso!» Imagínate que cada noche te das un achuchón diciéndote: «¡Te quiero mucho, gracias por ser tú misma!», y que antes de dormirte repasas todo aquello que agradeces en la vida. Imagínate que cada vez que te miras al espejo te encanta lo que ves, y que siempre que tienes un día muy difícil en el trabajo, o que no te sientes bien físicamente, te susurras: «Tienes todo mi apoyo y saldrás de esta, paso a paso». ¿Y si pudieras ser para ti misma una animadora, amiga y diosa creativa del amor tan increíble que cada día fuera una celebración, al margen de lo que la vida te presentara?

Esto sí que sería una relación satisfactoria, ¿verdad?

El inicio de este capítulo sobre las relaciones de la Diosa Guerrera no trata de cómo encontrar a tu media naranja, o de cómo mejorar tu relación con tu pareja, tus padres, tus hijos o con quienquiera que sea, sino de decirte «¡Sí!» a ti misma. Así que asómate a tu interior y hazte la siguiente pregunta: «¿Qué puedo hacer para enamorarme perdidamente, hasta las trancas, para toda la vida, de mí misma?»

Lo creas o no, enamorarte de ti es el secreto para el arte de mantener buenas relaciones, ya que todas tus relaciones tienen una persona en común: tú. Cuando interactúas con la gente queriéndote, tus relaciones mejoran exponencialmente, ya no dependes de los demás para ser feliz.

Lo más curioso es que uno de los secretos para quererte está en aprender a recibir de verdad de los demás y del mundo. Aunque parezca contradictorio, es cierto. Te explicaré por qué creo, como mujer, que el primer paso para mantener una relación sana contigo misma es anteponer el recibir al dar.

El arte de recibir

Muchas mujeres que conozco están agotadas y se sienten prácticamente vacías por dentro, e intentan hacer todo lo posible para dar lo poco que les queda de sus bajas reservas. Lo veo todo el tiempo y lo he vivido en mis propias carnes. Este agotamiento interior viene de creer que debemos poner a todos los demás en primer lugar, que debemos ser perfectas y admiradas por nuestros servicios o reconocidas por nuestra labor. Pero si llevas esta clase de vida acabarás sintiéndote explotada y extenuada, vacía en el sentido mental, físico, emocional y espiritual.

He descubierto que cuanto más agotadas, saturadas o vacías nos sentimos, más necesitamos aprender a recibir. Cuanto más ocupada estés, más necesitas bajar el ritmo. Cuando sientes que no tienes tiempo para nada más en tu vida, es la prueba de que sin duda necesitas hacer más espacio para recibir lo que la vida te ofrece. Curiosamente, cuando aprendes a recibir te sientes llena, me refiero al arte de decir «¡Sí!» a todo lo que surge en el presente para apoyarte.

Imagínate que metieras un céntimo en una hucha cada hora de cada día que estuvieras viva. A los cincuenta habrías ahorrado 4.380 euros.

Si ahorraras diez céntimos cada hora, equivaldría a 43.800 euros. Si ahorraras un euro cada hora, reunirías 438.000 euros. Aprender a bajar el ritmo, a recibir y aceptar el apoyo que tienes a tu alrededor, cada hora de cada día, es la forma de llenar tu cuenta bancaria interior. Empieza con una acción del tamaño de un céntimo. Detente, toma una bocanada de aire y alza la vista para contemplar la belleza del cielo mientras llueve o hace sol. Ambas condiciones son vitales a la larga. Ponte una mano sobre el corazón y la otra en el vientre y dale las gracias a la esencia de tu ser, ya que está ahí siempre para apoyarte a lo largo del día. Tómate un momento para estirarte hacia el cielo y dóblate luego hasta tocarte con las manos el dedo gordo de los pies. Fíjate en cómo cada centímetro cuadrado de tu cuerpo está exactamente donde debe estar en este momento, apoyándote continuamente.

Desarrolla, luego, tu capacidad de recibir con acciones del tamaño de una moneda de diez céntimos cada hora. Pasea durante cinco minutos en plena naturaleza captando los colores de la maravillosa exposición de arte. Cierra los ojos e imagínate que inspiras paz unos momentos; tómate luego un respiro en el trabajo y adopta una postura de yoga esbozando una sonrisa. El mundo está intentando apoyarte de innumerables maneras, pero muchas personas no se dan cuenta. Aprender a reconocer y aceptar el apoyo que tienes a tu alrededor es el arte de recibir en acción.

Y en esos momentos tan importantes, cuando otros seres humanos te ofrecen algo directamente, repara en ello y agradece esas joyas en lugar de quitarles importancia. Por ejemplo, cuando alguien te diga «Gracias», detente, mírale a los ojos, recibe ese amor y dile: «De nada». Recibir algo de otro ser humano consiste en esto.

Cuando un gato callejero se acerque y se restriegue contra tus tobillos, párate, acaríciale y recibe el abundante amor de ese ronroneo. (Mientras estoy escribiendo esta frase, sentada en la terraza de un hotel en México, un gato blanquinegro salido de la nada ha saltado a mi regazo. Ahora se pone a ronronear. Dejo de escribir para recibir su amor. Los gatos son los que mejor nos recuerdan la delicia de recibir.) Cada vez que bebas un vaso de agua o que comas algo, recibe el regalo lleno de vitalidad de la Tierra. Fíjate en las puestas de sol y en el aroma del pan cociéndose en el horno, en la sonrisa de un desconocido y en la belleza de las manos arrugadas de tu abuela.

Hay tanto para recibir. Y gratis, a cada segundo, para llenarte, gota a gota. Todo está intentando apoyarte, si te detienes para fijarte. Te mereces todos esos regalos. En realidad, es tu derecho de nacimiento recibirlos, y experimentar tanta plenitud con los momentos mundanos sagrados que lo único que puedes hacer es sentirte pletórica.

A medida que realizas acciones del tamaño de un céntimo de mil formas, tu capacidad de recibir aumenta de manera natural. En lugar de intentar sacarte de encima cuanto antes la siguiente tarea de la lista, te tomas cinco minutos para sentarte en silencio y disfrutar del viento. De esta manera, desarrollas una relación contigo misma en la que te conviertes en tu mejor amiga y amante, porque el arte de recibir te enseña a respetar y honrar tus propias necesidades.

En ese caso, en lugar de aceptar la petición de alguien sin pensarlo, sentirás tus propias necesidades y quizá te digas «Sí» a ti y le respondas «No, gracias» a la otra persona, decidida a tomarte un descanso, o a hacer lo que de verdad te beneficie. En lugar de eludir un elogio o de quitarle importancia a la felicitación de alguien por tu trabajo, lo aceptas, dejas que el momento penetre en tu corazón y le respondes: «Sí, gracias».

Cuando aprendes a recibir, te sientes llena por dentro al volver a conectar con el amor que siempre está irradiando de los árboles y de los ojos de un niño. Cuando dejas de intentar llenar el vacío de tu corazón con cosas que no necesitas, como comprándote un bolso o unos zapatos, o manteniendo una relación nueva, te sientes llena de agradecimiento por la multitud de cosas que aparecen en tu vida para ayudarte a cada momento. Y cuando atravieses momentos difíciles recuerda que por malos que sean los acabarás dejando atrás, y que en el fondo tu tarea más importante y profunda es seguir recibiendo, aunque estés dando.

Cuando te conviertes en una experta en recibir del mundo, empiezas espontáneamente a enviarte y recibir amor. Por la mañana al despertar, te dices: «Buenos días, preciosa. Te quiero y pienso apoyarte hoy de manera incondicional». Decirte «¡Sí!» siempre, y en todos los sentidos, consiste en esto.

Después de la importante tarea de recibir y de entablar una nueva relación contigo misma, puedes aumentar ese amor y aceptación tan fuertes que sientes por ti para incluir también a los demás. Como verás en el siguiente apartado, todas tus relaciones, desde las difíciles hasta las sublimes, reflejan a la perfección la relación que mantienes contigo misma.

El reflejo de tus relaciones

Como probablemente habrás notado, la conexión o la falta de conexión que mantienes con alguien —como con los amigos, los miembros de tu familia, los seres queridos, los compañeros de trabajo, los vecinos, los hijos, los desconocidos y, sobre todo, contigo misma— es lo que hace que tu corazón se sienta contento o abatido. La mayoría de los humanos somos así. Cuando estamos enamorados, la vida nos sonríe. Sentimos que no hay nada que se nos resista. Nos parece que el mundo es maravilloso y que todo tiene solución.

Una querida amiga mía presenció un encuentro que demuestra a la perfección el efecto espejo de las relaciones. Mientras almorzaba con una pareja de recién enamorados, a él se le escapó el tenedor de la mano. El plato de papel salió volando hacia el otro lado de la mesa y fue a parar en el pecho de su amada, manchándole la camisa de seda nueva con la lechuga desparramada y el aceite del aliño. Mientras él intentaba limpiarla abochornado, ensuciándola más aún sin querer, su pareja le dijo sonriendo a mi amiga, con una mirada llena de ternura: «¿A que mi chico es maravilloso?»

La mayoría hemos vivido en algún momento de nuestra vida esta clase de situaciones, cuando no veíamos más que amor al mirar a otra persona (todos lo hemos hecho de bebés, al mirar a los ojos por primera vez a nuestros padres o nuestros cuidadores). Sería fabuloso si esta dicha durara para siempre. Pero lo cierto es que cuando dejamos de sentir ese amor la relación se estropea a marchas forzadas. Imagínate que la misma escena del almuerzo se da entre una pareja con problemas económicos, entre dos hermanas que compiten entre sí o entre compañeros de trabajo que acumulan un retraso en la entrega de un informe.

Incluso cuando queremos amar siempre a los demás (o al menos ser amables), sabemos que a veces cuesta lo suyo. Pero lo cierto es que cualquier relación refleja a la perfección la relación que mantienes contigo misma. Y sí, me refiero a todas las relaciones, en cualquier momento. Por eso, cada vez que juzgas a alguien, cada reacción airada, celosa o competitiva, cada vez que cuidas o te compadeces de alguien, cada vez que maltratas a otro ser mental, emocional o físicamente, cada cosa que te tomas a pecho y cada vez que le cierras tu corazón a otra persona te lo estás haciendo también a ti.

Y siempre que usas en tu contra el maltrato, la negligencia o la falta de amor de otro, la situación refleja en qué sentido te estás maltratando, descuidando o dejando de querer.

Como puede ser un concepto difícil de entender, seguiré hablando de él.

Todas tus relaciones reflejan claramente lo que piensas sobre ti. Cuando dejas de señalar con el dedo (acusar) o de sentirte destrozada y desprotegida (humillada y victimizada), puedes observar el reflejo que ves ante ti con curiosidad. Y lo que el reflejo te muestra es tus propios sentimientos de quererte incondicionalmente o de no quererte.

Espejito, espejito

En cada interacción que mantenemos con alguien siempre hay dos reflejos: el de lo que está ocurriendo de verdad y el procedente de nuestra reacción a ello.

El reflejo de lo que de verdad ocurre son los hechos. Un espejo refleja la realidad sin intentar entenderla, arreglarla, juzgarla o justificarla. Simplemente, muestra lo que está ocurriendo delante de nosotros.

El segundo reflejo viene de nuestras creencias e historias. No siempre podemos elegir o cambiar lo que sucede en el primer espejo de la realidad, pero podemos cambiar cómo percibimos el mundo.

Para hacerlo, dejas de fijarte en lo que está ocurriendo fuera y observas cómo estás respondiendo a la situación por dentro.

Lo que se está reflejando ante ti es la historia que te cuentas en tu cabeza. Y tu poder verdadero aparece cuando tienes el valor de decir «¡Sí»! y de mirar ese espejo interior. Aquieta tu mente. Respira. Siente curiosidad. ¿Qué ves reflejado en el espacio entre la acción y tu reacción?

Cuando estás disgustada por algo que está ocurriendo fuera, observa en tu interior y pregúntate: «¿Qué me está diciendo esta situación? ¿Qué me está mostrando sobre mí misma? ¿Qué o a quién estoy intentando controlar y por qué? ¿De qué tengo miedo?» Al analizar estas cuestiones, usas el reflejo para que te libere en lugar de encadenarte al ciclo interminable de una vieja historia.

Vamos a analizar ahora este espejo interior imaginando las siguientes escenas.

Qué reflejo ves cuando alguien que te importa:

- ¿Deja de amarte y de prestarte atención?
- ¿Se enfada contigo?
- ¿Dice algo que te hiere?
- ¿No actúa como desearías?

¿Cómo respondes a esta clase de experiencias? ¿Dejas de amarle y de prestarle atención? ¿Te enojas contigo misma o con esa persona? ¿Te abandonas? ¿No aceptas la realidad y, por lo tanto, no te quieres como es debido? ¿Le juzgas y reprendes en tu mente?

Saber lo que ocurre en tu interior es el primer paso para trasformar un no interior en un «¡Sí!» en esas situaciones. Estás empezando a eliminar tus falsas creencias para verlo todo con el resplandor de quererte.

Elimina los reflejos distorsionados

Cuando nos enamoramos o trabamos una amistad estrecha con alguien, nos sentimos llenos. Nos sentimos vistos, entendidos y queridos. Lo que sentimos es un auténtico reflejo de nuestra capacidad para amar y ser amados. Es una sensación deliciosa.

Y esta es la parte fácil. Lo que estamos experimentando es: «Me encanta que me quiera. Que me vea. Que me entienda». Pero, en realidad, estamos conectando con nuestro propio estado natural de amor incondicional. Otra persona lo está estimulando, pero tú eres la que lo vive y, por lo tanto, la que lo crea, es decir, lo que sientes es el amor de tu interior.

Como sentimos un amor incondicional, nos parece fantástico que nos hayan manchado la blusa de seda con el aliño de la ensalada. Nos encantan los defectos, los fallos y los torpes desastres con la comida de nuestra pareja. A mi entender, esos momentos son de lo más valioso, nos permiten sentir el amor profundo que hay en nuestro interior. Pero son temporales, aún no hemos comprendido que ese amor no es más que un reflejo de nuestro propio amor.

Por eso, cuando los reflejos que vemos relacionados con un ser querido o un amigo íntimo cambian de pronto, nos sentimos desconcertados. Pero están siendo ellos mismos: algunas veces nos parecen raritos, y otras, desconsiderados o insensibles. En el pasado sentíamos un amor infinito, pero ahora la irritación, la ira o la desesperanza nos empiezan a consumir.

En esos momentos es cuando empieza una auténtica tarea.

Lo ilustraré con un ejemplo. Sally fue a visitar a su amiga Laura, la idea de verla le entusiasmaba. Pero al mismo tiempo también vería a Brigit, otra amiga de Laura que estaba pasando unos días en la casa de esta.

El segundo día, Brigit y Laura tuvieron que ir a una reunión y Sally se quedó gustosa en la casa de Laura, consultando sus correos electrónicos para ponerse al día. Hasta que a las tres horas y media se dio cuenta de que tardaban mucho. Al principio se preocupó, pero luego se sintió abandonada. Le empezaron a venir toda clase de historias a la cabeza: «Laura prefiere estar con Brigit que conmigo. No quiere ser mi amiga y no sabe cómo decírmelo. Le revienta tenerme en su casa. Solo quiere estar con Brigit, pero se ve obligada a verme al alojarme en ella. Tal vez debería largarme. Hacer las maletas e irme a mi hogar, aquí no soy más que un estorbo para Laura».

Por suerte, Sally tuvo el suficiente aplomo como para ver que la situación le estaba reflejando algo muy importante en su interior. Dejando de pensar en Laura y Brigit, se fijó en lo que le mostraba. Y lo que vio fue un buen puñado de suposiciones y miedos.

También descubrió que en lugar de centrarse en la conducta de Laura o en sus temores de que su amiga no la quisiera, debía fijarse sobre todo en que estaba aceptando las suposiciones de su mente sobre la situación y usándolas en su contra. Vio que esas suposiciones venían de sus miedos, los cuales procedían a su vez de la historia que se había contado en su cabeza acerca de que era un estorbo y que su amiga la había dejado de lado, abandonándose así a sí misma y dejándose llevar por el arraigado miedo derivado de su baja autoestima.

Reparar en sus juicios y temores le permitió experimentar una mayor compasión afectuosa por sí misma. Y comprendió que sus temores solo estaban en su cabeza y que no tenían nada que ver con la realidad. (De hecho, no sabía dónde estaban Laura y Brigit, no había hablado con ellas desde que se habían ido.) Cuando volvieron, pudo recibirlas con el corazón abierto y se rieron juntas de la historia que le contaron de dos chicas con faldas y tacones intentando cambiar una rueda del coche de Brigit.

Los -ismos y tú

Ten también en cuenta (en especial, si eres una mujer de color, lesbiana, transgénero o marginalizada) que verás y vivirás a tu alrededor sexismo, racismo, clasismo, homofobia y miedo. Por desgracia estas actitudes son muy insidiosas, como hierbas ponzoñosas. Pero lo más importante es advertir en qué sentido crees sutilmente esas mentiras y te estás infravalorando, humillando o negando a ti misma.

Usa cualquier vivencia de esta clase de rechazo y de miedo para ser consciente de tu paisaje interior y amarte incluso con más fuerza aún. Arranca con paciencia cualquier hierbajo del autorrechazo para recuperar tu grandeza, sea lo que sea lo que otra persona proyecte en ti.

En los otros libros de la Diosa Guerrera he hablado de la importancia de amarte y aceptarte incondicionalmente. Y mientras lo pones en práctica y lo desarrollas verás que te resulta mucho más fácil hacer lo mismo con los demás, y que también estás más predispuesta a ello. Aunque esto no quiere decir que aceptes la conducta inadecuada o perjudicial de otro, en realidad es el amor que sientes por ti lo que te da la fuerza para decirte «¡Sí!» a ti y decirle «No» a alguien cuando actúa sin respetar tu valía. Pero en lugar de intentar controlarlo, cambiarlo o desear que fuera distinto, ahora lo ves con los ojos de la compasión (y esto incluye llamar compasivamente a la policía si estás en una situación abusiva). Sabes que su mala conducta refleja que se censura y rechaza a sí misma, porque en el pasado tú hiciste lo mismo contigo.

Cuando ves una relación con los ojos del apego, el miedo, la necesidad de controlar o la fantasía, no la estás contemplando con la mirada de un amor auténtico. Esos problemas vienen de una sensación de carencia. El amor auténtico fluye del profundo manantial de la abundancia, de una plenitud del ser que no puede evitar derramarse sobre los demás y sustentarlos. Esta clase de amor es como los panes y los peces de la Biblia, alimentan a todo el mundo.

Espero que todos nos tendamos unos a otros las manos para ayudarnos a levantarnos cuando lo olvidamos, o nos asustamos, o nos golpea con fuerza la inconsciencia de otro. Y también espero que todos sigamos educándonos, expresándonos, posicionándonos y transformando creativamente la ignorancia, la intolerancia y los prejuicios, empezando por el acto radical de decir «¡Sí!» a nuestro yo único, auténtico, sabio y maravilloso. De esta manera dejamos que el «¡Sí!» del amor se propague hacia los demás, sean cuales sean sus ideas falsas. Cuando prestas atención a lo que ocurre en tu interior en lugar de intentar cambiar a los demás, te conviertes en una poderosísima bomba de amor de «¡Síes!» para tu pareja, tu familia y los desconocidos.

El poder del intento

Cuando te topes con dificultades en cualquier relación, otra herramienta es preguntarte: «¿Cuál es ahora mi intención en esta relación?» Ten en cuenta que no te he pedido que te preguntes qué has hecho mal o en qué ha errado el otro, esta clase de preguntas solo generan acusaciones y reprobaciones. Hay un momento y un lugar para esta clase de inventario, pero para usar la herramienta del intento céntrate en esta sencilla pregunta.

Tu intento es tu foco de atención. Y en cuanto sabes cuál es, puedes usarlo para ser más consciente de tus patrones interiores, elegir el mejor curso de acción y ayudarte a superar cualquier vieja herida. Lo ilustraré con el siguiente ejemplo sacado de mi propia vida.

Una de mis experiencias amorosas más dolorosas tuvo lugar al final de mi primer matrimonio. La verdad es que la relación ya había tocado a su fin, pero yo me aferraba tercamente a ella. En aquella época mi intento era: «No me separaré y procuraré que la relación funcione, cueste lo que cueste. Lucharé para conseguirlo. No tiraré la toalla». Me negaba a ver lo que tenía delante.

En un determinado momento, decidí: «Tendrá que irse él. Yo no voy a romper nuestro matrimonio», y seguí aferrándome a la relación a pesar de que el corazón de mi marido estuviera en otra parte hacía ya mucho. Me mantuve en mis trece. Seguí esperando que algo cambiara. En retrospectiva, veo que mi intento era fuerte, pero lo enfocaba mal. Estaba usando mi energía para intentar controlar a mi marido y la situación, intentando forzar algo que era evidente que ya no nos funcionaba a ninguno de los dos.

Al cabo de tres años inicié una nueva relación. Ya he compartido un poco mi experiencia en un capítulo anterior, y así es como mi intento me ayudó a ser fiel a mí misma y a decirme «¡Sí!» La cuarta vez que salí con el hombre que me atraía decidí llegar a un acuerdo conmigo misma: estar presente y ver la relación con claridad. Poniendo todo mi corazón en ello, analicé sinceramente si era una buena pareja para mí y si me llenaría del todo.

Al final de nuestro encuentro ya había aprendido varias cosas: ese hombre me gustaba de verdad. Mucho. Sentía que hacíamos muy buena pareja en el sentido intelectual, espiritual, sexual y social. (¡Oh, el sexo!) Me di cuenta de que había superado la dolorosa ruptura de mi matrimonio y que estaba lista para decir «¡Sí!» y empezar una nueva relación amorosa. ¡Sin duda alguna!

Y también descubrí que él no había reaccionado como yo anhelaba. ¡Maldita sea!

Me pillé mirando en el espejo de esta relación sin querer ver la verdad, y noté que me inventaba historias a la menor ocasión, como la de: «Si sigo con él acabará queriendo ser mi pareja, solo necesito armarme de paciencia y conformarme con lo que me ofrezca, porque hacemos un buen tándem».

También descubrí que él me estaba reflejando los aspectos en que yo había fallado en mis relaciones anteriores. Me vi reflejada en sus actos: cómo me había mantenido ocupada para evitar la intimidad, cómo no me había permitido ser vulnerable, cómo había sido emocionalmente inaccesible en mis relaciones sentimentales. Estaba probando mi propia medicina al ser yo ahora la que sufría en mis propias carnes lo que les había hecho a mis antiguas parejas. Y la curación para mí fue perdonarme por los aspectos en los que había fallado en el pasado, por ser ahora lo bastante madura como para no intentar cambiar a nadie y por reconocer que estaba progresando en las relaciones. ¡Sí!

Cuando llevé mi «¡Sí!» al presente, me detuve y observé la realidad: era evidente que no estábamos en la misma onda ni queríamos lo mismo. Al silenciar mi mente, sentí en mi alma la verdad: yo estaba lista para mantener una relación seria. Y él no. Y punto. Asunto zanjado. Podía inventarme mil y una razones del porqué, diciéndome que si yo no tiraba la toalla, mi pareja cambiaría (mmm..., creo que ya he oído antes lo mismo, ¿verdad?) Pero mirando en mi interior, me pregunté: *¿Cuál es tu intento en esta relación?* Y la respuesta fue: *Amar a este ser humano tal como es, y amarme tal como soy.*

Así que apliqué más «amor jabonoso» y renuncié a mi sueño de mantener una relación de pareja con él para ser plenamente consciente de mí misma y de nuestra amistad.

Al hacerlo me honré, y también honré los dones de ese ser humano que tanto me había ayudado a superar la ruptura de mi matrimonio, y pude estar a la altura de una amistad con ese ser sorprendente sin desear incesantemente que él fuera distinto y sin exigírselo.

Y hay momentos en los que aún deseo que las cosas fueran distintas. Todavía espero que cambie, y me pregunto si podría haber actuado de otra manera. Pero entonces vuelvo rápidamente a recordar mi intento: amar la verdad. Amar a este ser humano tal como es y amarme tal como soy, y punto.

Ponerle un nombre a mi «¡Sí!» también me permitió aclararme sobre lo que deseaba en una relación. Y en lugar de esperar recibirlo solo de una persona, me abrí a cómo podía encontrar lo que ansiaba en mis otras relaciones estrechas y en mí misma. Mi «¡Sí!» me ha permitido gozar de amistades más íntimas, pasar más tiempo en quietud conmigo misma y sentir que me recuperaba al asumir mi conducta del pasado y perdonarme por ella.

Cuando tenemos claro cuál es nuestro intento en cada relación, disponemos de una estrella en el horizonte que nos guía mientras navegamos por las, en ocasiones, aguas turbulentas y profundidades aterradoras de la intimidad y la conexión. Pero debemos asegurarnos de que nuestro intento no sea cambiar a la otra persona y de no estar usando nuestras palabras y energía para juzgarnos o culparnos, o para juzgar o culpar al otro.

Mi plegaria por todas las Diosas Guerreras es que usemos *cada* relación en nuestra vida, desde las fáciles hasta las difíciles, para limar nuestras asperezas y aumentar nuestro poder. Así emprenderemos nuevas acciones basándonos en un «¡Sí!» interior guiado por nuestro intento.

Me gustaría concluir este capítulo compartiendo la siguiente fábula magnífica escrita por un autor anónimo, citada popularmente como la parábola de los tres cabellos.

Una mañana una mujer descubrió al despertar que solo le quedaban tres cabellos en la cabeza. «*Mmmmmm*, creo que hoy me haré una trenza», se dijo. Así lo hizo y tuvo un gran día.

A la mañana siguiente, al despertar, vio que solo le quedaban dos cabellos en la cabeza. «Bueno, hoy me peinaré con la raya en medio», se dijo. Así lo hizo y tuvo un día de lo más divertido.

Cuando despertó el tercer día vio que solo le quedaba un cabello en la cabeza. «¡Oh!, hoy me haré una cola de caballo», se dijo. Así lo hizo y tuvo un día maravilloso.

A la mañana siguiente, nada más levantarse de la cama, descubrió que ya no le quedaba ni un solo pelo en la cabeza. «¡Qué bien! ¡Hoy no tendré que peinarme!», exclamó con alegría.

Me encanta esta historia porque ilustra el poder de dos cosas: de decir «¡Sí!» a la realidad, y el poder de mantener una relación afectuosa con uno mismo, sea cual sea la situación. Es la clase de relación de Diosa Guerrera que deseo para ti. Así te querrás y apoyarás pase lo que pase. No te mereces menos.

«¡Sí!»: recursos para las relaciones

Dones

- Cuando procuras aprender a recibir, tienes mucho más para dar.
- «¿Cuál es ahora mi intento en esta relación?» es una pregunta vital para crear una nueva estrella en el horizonte que te permita tener un rumbo en la vida y actuar con acierto.
- Intentar cambiar a los demás te impide cambiar en tu interior.

Exploraciones

A LOMOS DEL PONI SALVAJE DE LAS RELACIONES

De joven tuve la suerte de mantener muchas relaciones apasionadas con caballos. Me dieron lecciones sobre mí misma y mis relaciones, y lo que aprendí es que en muchos sentidos las relaciones son como los purasangres, imprevisibles y un tanto indómitos, que montaba de adolescente. Los cinco siguientes consejos te muestran cómo montar el poni salvaje de las relaciones, y además encontrarás una práctica adivinatoria para cuando te sientas atrapada o no sepas cuál es el siguiente paso que necesitas dar en una relación.

Acércate en un estado de presencia y paciencia
Los caballos son increíblemente sensibles al estado energético de los humanos. Y los humanos también lo somos. Si te acercas a un caballo sintiendo miedo, dudas o tensión, se mostrará desconfiado y huraño. Pero si lo haces en un estado de paciencia, presencia y receptividad, incluso el más receloso de los equinos se acercará a verte y a saludarte. Lo mismo ocurre con las relaciones, de modo que afróntalas con curiosidad en lugar de con exigencias.

Monta manteniendo el equilibrio

Cuando montas a caballo aprendes enseguida a no dártelas de encopetada, a sentarte bien y a estar presente. Si te inclinas demasiado hacia un lado o hacia el otro, intentando ayudar a los demás o solucionar sus problemas, acabarás cayendo de bruces en el suelo. Como las relaciones también tienen sus altibajos, cuando sientas el tirón de un drama, de un momento de ira o de las acusaciones, no olvides volver al centro de tu corazón. Se trata del arte de mantenerte centrada cuando algo inesperado te hace perder el equilibrio.

No tires bruscamente de las riendas

Si tiras de las riendas con demasiada fuerza, o tiras de ellas y las sueltas sin ton ni son, el caballo se hace un lío y no sabe lo que quieres. Tirar de las riendas con brusquedad solo crea más resistencia y forcejeos. De igual modo, en tus relaciones es importante comunicar con claridad tus sentimientos, deseos y necesidades. Cuando dices lo que piensas de corazón, te estás comunicando, por tu lado, con claridad.

Fíjate en adónde vas

Cuando montas a caballo, aprendes a guiar a tu montura fijando tu mirada allí donde quieres ir. No miras atrás, porque no te diriges hacia esa dirección. En las relaciones es bueno aprender del pasado, pero no debes centrarte en él. Si quieres progresar, mira hacia el futuro. Una mirada centrada y relajada le permite a tu visión periférica detectar posibles obstáculos e intentar sortearlos. ¿Cuál es ahora tu intento para esta relación? ¿Adónde quieres que vaya?

Desmonta con soltura

A veces un caballo y su jinete no hacen una buena pareja, ya sea solo por un día o incluso para toda la vida. Si pese a seguir los pasos anteriores el «poni salvaje de las relaciones» no tira por donde ha de tirar, tal vez sea hora de detenerte y desmontar. Algunas veces lo mejor que puedes ofrecerle a una relación es tomarte un espacio (una hora, un día o una semana) para volver a centrarte en tu corazón y con tu intento. Y otras, equivale a poner fin a una relación. Desmonta con soltura viendo con la mayor compasión y gratitud posibles todo lo bueno que te ha ofrecido y lo que has aprendido en ella mientras la das por terminada.

Profundiza más

La siguiente práctica adivinatoria te sirve para cuando te sientas atrapada o no sepas el siguiente paso que darás en una relación.

Escribe en cinco trozos de papel o tarjetas los cinco consejos de este capítulo para montar el poni salvaje de las relaciones:

- Acércate en un estado de presencia y paciencia.
- Monta manteniendo el equilibrio.
- No tires bruscamente de las riendas.
- Fíjate en adónde vas.
- Desmonta con soltura.

Dale la vuelta a los trozos de papel o a las tarjetas sobre la mesa y mézclalos. Imagínate una relación en la que te gustaría que te orientaran. Concéntrate en el nombre de la persona y elige una de las tarjetas. ¿Qué mensaje o lección te transmite?

10

¡Sí! Ábrete a los finales

La vida te romperá el alma. Nadie puede protegerte de ello,
y vivir a solas tampoco lo hará, pues la soledad también
te destrozará con sus anhelos. Ama. Siente. Es la razón
por la que has venido a este mundo. Estás aquí para arriesgar
tu corazón. Para ser engullido. Y cuando te sientas roto,
traicionado, abandonado o herido, o la muerte ronde cerca,
siéntate a la sombra de un manzano y escucha las manzanas
caer a tu alrededor a montones, malgastando su dulzura.
Dite que saboreaste todas las que pudiste.

Louise Erdrich

Cuando dices «¡Sí!» a cualquier relación, también te estás arriesgando a la vulnerabilidad y a la pérdida. Los inicios se trocan en finales y los finales se trocan en nuevo inicios. Es inevitable. Cada bocado de comida que te mantiene viva procede del fin de una vida, sea vegetal o animal. Cada día perdemos a personas, mascotas y la juventud. Incluso las relaciones más largas —con los padres, la pareja, los hijos, uno mismo— acaban con la muerte de una de las partes. Siempre es así. Sin excepción.

No estoy intentando ser taciturna, pero ahora que has llegado a la última lección del camino de la Diosa Guerrera quiero que te fijes en el increíble regalo de la vida, en lo valiosa y fugaz que es. Y también en lo sumamente valientes que necesitamos ser para aceptarla plenamente, con pasión y hasta la última gota. Este es el camino de la Diosa Guerrera.

Podemos intentar controlar las situaciones de la vida, limitar nuestro amor, parapetarnos contra las pérdidas. Pero en ese caso solo estaremos insensibilizándonos y perdiéndonos la exquisitez de estar vivos plenamente, porque la vida es muerte, y la muerte es vida. Son lo mismo. Cuando pretendemos que la muerte no existe, que no vendrá a buscarnos a nosotras ni a ninguna otra persona conocida, vivimos con la cabeza metida bajo el ala de la evitación. Cuando damos la bienvenida tanto a la vida como a la muerte, nos sentimos maravilladas y agradecidas por las fluctuaciones de la vida. Nuestra pena por la desaparición de un ser querido se convierte entonces en un jardín sagrado y especial cargado de los aromas y los colores de aquellos con los que lo compartimos.

Los toltecas tienen una diosa de la muerte maravillosa a la que llamamos el Ángel de la Muerte. El Ángel de la Muerte, lejos de ser una figura horrible, constituye un ser compasivo y afectuoso que nos acompaña siempre. Nos presta nuestra propia vida y todo cuanto contiene, desde nuestros hijos hasta nuestro coche y nuestro cuerpo físico. Y puede presentarse en cualquier momento de la vida y reclamárnoslo todo. Aprendemos a no temerla, y también a verla como una verdadera aliada y amiga. Nos recuerda que debemos vivir el presente, darlo todo, sin dormirnos en los laureles.

Todavía me cuesta aceptar los finales, nunca son fáciles de afrontar. Pero he aprendido a mantenerme abierta, a respetar mis emociones (en especial, el amor) y a abandonarme al misterio de la muerte. Para mí, el Ángel de la Muerte es mi mejor amigo y mi compañero sagrado. Te explicaré cómo he llegado a verlo así.

Dando la bienvenida a la muerte

Don Miguel Ruiz, que ha sido durante mucho tiempo mi mentor y amigo, autor de *Los cuatro acuerdos* y, probablemente, el maestro tolteca más famoso del planeta, fue quien me habló por primera vez del Ángel de la Muerte. A finales de febrero del 2002 me hizo un gran regalo.

Se murió.

Bueno, casi se murió.

En medio de la noche, don Miguel se despertó al sufrir un infarto masivo. En su calidad de médico, entendió la seriedad de su cardiopatía. Más tarde, en el hospital, llamó a sus hijos para decirles que se iba a morir y para despedirse. Unas horas más tarde recibí una llamada telefónica. Miguel seguía vivo, pero no se esperaba que sobreviviera. Había entrado en coma tras fallar la mayor parte de su función cardíaca.

Después de colgar el teléfono, me senté en un chirriante columpio de madera, al lado de un baniano enorme. Me encontraba en Maui, Hawái, con un grupo de gente que en su gran mayoría conocía a don Miguel. Eran las siete de la mañana. Los pájaros revoloteaban y trinaban, la hierba crecía impasible a la noticia y el cielo se despojaba de su manto dorado del alba para revelar su manto azul claro matutino.

Mientras me columpiaba, pensando en mi primer viaje a Maui con don Miguel muchos años atrás, me asombré al advertir que no sentía tristeza alguna, solo un agradecimiento inmenso. Echaría de menos enormemente la sonrisa radiante de mi querido maestro, su sabiduría de coyote y los calurosos abrazos que nos daba a todos. Y de repente descubrí dos cosas que me llenaron de sosiego: la primera era que sabía, sin lugar a dudas, que Miguel me amaba. Y la segunda, que Miguel sabía que yo le amaba.

No había nada más que necesitara decir o hacer. Nuestra relación era perfecta, no quedaba nada por decir ni por aclarar. Sentía su presencia en la médula de mis huesos y sabía que, fuera adonde fuera donde su espíritu se dirigiera, siempre llevaría en mí una pequeña parte suya. Entendí que la muerte no era un final, solo había aumentado un poco el espacio entre nosotros.

Miguel estuvo en coma casi tres meses. Durante dos de ellos estuve sintiendo su presencia, incluso con más intensidad que cuando él gozaba de buena salud. Y una tarde, durante el tercer mes de estar en coma, desapareció de pronto energéticamente. Era como si su espíritu hubiera estado a mi lado todo ese tiempo, enseñándome y guiándome, y un día hubiera desaparecido de golpe para dedicarse a otros menesteres.

Cuando llamé a mis compañeros de la comunidad tolteca, muchos habían tenido la misma experiencia. El ser físico de don Miguel seguía con vida, conectado a los numerosos aparatos de un hospital en Los Ángeles. Pero su espíritu había estado viajando más allá de su alcance. El vacío que me dejó era palpable y extraño. Se parecía a lo que sentí cuando me rapé la cabeza después de haber estado llevando el pelo largo la mayor parte de mi vida. Y aunque echaba de menos poder sentir su presencia, sabía que había dos cosas innegables: él me amaba y sabía que yo también le amaba. Mi corazón se sentía lleno, aunque echara de menos el sutil influjo de su presencia.

Una mañana, la silueta de don Miguel pareció materializarse detrás de una amiga mía con la que estaba hablando. Pegando un brinco, exclamé: «¡Miguel ha vuelto!» Una rápida llamada telefónica me lo confirmó, Miguel había despertado del coma regresando al mundo de los vivos.

Cinco años después de que Miguel despertara del coma, la muerte de mi padre me ofreció otro regalo y otra lección en mi vida. El fallecimiento de mi padre tras haber estado luchando con todas sus fuerzas contra la leucemia no me resultó nada fácil. Consistió más bien en tomar conciencia de los cantos afilados de la vida y la muerte, y de aprender a llorar a lágrima viva siempre que lo necesitara, dondequiera que estuviera.

Si has estado alguna vez con alguien sometido a un tratamiento de quimioterapia, sabrás la montaña rusa emocional que supone. Un día el paciente mejora y al siguiente experimenta un gran retroceso. Frenar el cáncer sin que muera el paciente en el intento es una alquimia delicada.

Mi padre fue al médico porque siempre parecía tener síntomas griposos. Me llamó del hospital para comunicarme que le habían encontrado leucemia en un ochenta por ciento de sus células blásticas (nuevas). Si hubiese esperado uno o dos días más sin recibir el tratamiento, habría muerto.

Hice las maletas de inmediato y volé a Carolina del Norte para estar con mi padre, mi madre y mi hermana. Durante los dos años siguientes los visité a menudo y pasé todos los días que pude al lado de mi padre durante su enfermedad.

Mi segundo baile con la muerte de un ser querido no se pareció en nada al primer vals de cuando don Miguel entró en coma. Detestaba ver a mi padre sufrir. Odiaba sentirme impotente ante el cáncer. Me costaba aguantar la agobiante presión de las palabras sin expresar.

Amaba a mi padre y sabía que él me amaba, pero nuestra relación no había sido fácil. Era un empresario con unos listones muy altos y en mi niñez nunca sentí que fuera lo bastante perfecta para él. Pasé por etapas de sacar sobresalientes e intentar complacerle en todo y luego de rebelarme frustrada, sintiéndome como si él nunca me viera de verdad. Nuestra relación había mejorado a medida que yo maduraba, pero mi padre me seguía irritando cuando cuestionaba lo que yo hacía. Incluso en la adultez hubo momentos en los que me sentí como una cría buscando su aprobación. Notaba las preguntas flotando en el aire entre nosotros: «¿Soy lo bastante buena para ti? ¿Me quieres?» A pesar de haber hecho todo lo posible para que no quedara ningún asunto pendiente entre ambos, el influjo del pasado seguía condicionando nuestra relación.

En una estancia en Escocia con un grupo de queridos amigos, recibí una llamada telefónica en la que me comunicaron que la leucemia de mi padre había reaparecido con fuerza después de una breve remisión de tres meses. Pero, a diferencia de la llamada relacionada con don Miguel cuando yo estaba en Hawái, esta vez me sentí invadida por una pena debilitante. Colgué el teléfono y salí a dar un paseo por la colina poblada de brezos y helechos que se alzaba detrás del centro de retiro. A cada paso me preguntaba sollozando: «¿Por qué, por qué, por qué?» Encontré un banco y, sentándome con las rodillas pegadas al pecho, me puse a llorar. Sentí que mi mundo se desmoronaba y que no podía decir ni hacer nada ante el desarrollo de los acontecimientos. Mientras escribo este pasaje muchos años después, los ojos aún se me humedecen. Ahora la tristeza está mezclada con la alegría de conocer a mi padre: el ser que me salvó de un mono tirándome del pelo a los cinco años, que no se perdió ni una sola de mis competiciones de atletismo, que me enseñó a no rendirme cuando las cosas se complicaban. Pero cuando me enteré de que su fin era inminente, la situación me pareció demasiado dura, el camino demasiado empinado. Volví sobre mis pasos, llorando, sorbiendo por la nariz, con el alma hecha trizas, y fui a ver a mi amiga y mentora Peggy Dylan, en busca de consejo.

—No es justo —me quejé (solía decírselo a mi padre de niña. Él siempre me respondía: «La vida no es justa»)—. No estoy preparada para su muerte. Y él tampoco lo está. Todavía le queda mucho por vivir, no hay derecho. Quiero que muera plácidamente cuando le toque y no de esta forma tan prematura —prorrumpí entre lágrimas.

—Esta es una oportunidad para que ames los cantos afilados de la vida —repuso Peggy con dulzura—. La vida y la muerte no siempre llegan en el momento o en la situación que nos gustaría. ¿Puedes dejar que lo injusto, lo desconocido y lo inacabado estén presentes en tu vida?

Y allí estaba la respuesta que yo había intentado evitar. Peggy me pedía que profundizara mi relación con el Ángel de la Muerte. Así que puse en práctica lo de amar todo cuanto la vida me deparara y de decir «¡Sí!» a los cantos afilados de la muerte de mi padre. Lo hice al estar presente cuando dio su último suspiro a altas horas de la noche y al apoyar a mi madre y a mi hermana mientras se despedían del hombre que había llenado nuestras vidas.

Practiqué el observar mis propios cantos afilados, el desgarro interior que sientes cuando uno de los tuyos muere. Me di permiso para llorar siempre que me apeteciera. Lloré en público, en los cines (en una ocasión me senté en la primera fila de un cine vacío y lloré como una magdalena a lo largo de una película sobre una adolescente de un barrio marginal de una ciudad que deja atónito a todo el mundo y gana un concurso de baile). Y al rememorar recuerdos especiales y remembranzas inesperadas. Nunca cuestioné mis lágrimas; las dejé manar, dejé que la pena me cortara la respiración. La pena me vació por dentro, me limpió las entrañas, hizo espacio para que apreciara incluso más aún las infinitas bondades de cada bocanada de aire que tomaba y soltaba.

Gracias a la experiencia del fallecimiento de mi padre, cuando me piden que me siente junto a la cama de un moribundo estoy totalmente presente, con el corazón al descubierto, sensibilizada por las pérdidas y fortalecida por el conocimiento de que el cuerpo es temporal y el espíritu, en cambio, es eterno.

Percátate de tus apegos

Cuando entablamos una relación estrecha, ya sea con el amor de nuestra vida, con una mascota maravillosa, con un querido hijo o con una amiga preferida, nuestro ser se expande en la delicia de decirle «¡Sí!» al amor. Nos vinculamos, nos unimos, nos mezclamos, nos conocemos, pero también nos apegamos al ser amado. Y, como dijo el Buda, el apego es el origen del sufrimiento. Si combinas un puñado de apego inconsciente con una buena medida de impermanencia, siempre obtendrás lo mismo: miedo. Este miedo a la pérdida hace que nos aferremos con más fuerza aún al objeto de nuestro amor y a la ilusión de que la situación no cambiará nunca.

De todos los apegos que hay en el mundo, el que más cuesta abandonar es el de nuestra asociación con el cuerpo. Tu cuerpo, y el de todo el mundo, acabará muriendo, pero la mente se «identifica» con él. Sin embargo, si miras dentro de tu corazón y escuchas la sabiduría que contiene, sabrás que tú no eres tu cuerpo. El alma, el espíritu y tu intento existían antes de que te encarnaras en un cuerpo humano, y seguirán existiendo cuando lo abandones. Somos seres atemporales y eternos. Sin embargo, nuestro apego a la idea de ser un cuerpo es persistente, y el miedo que este apego causa nos hará sufrir en las relaciones si no lo analizamos.

En toda relación hay una verdad. Por más tiempo que dure, por más inmenso que sea el amor, por más fabulosa que sea la relación, un cuerpo acabará dejando al otro. Al final, la naturaleza de la relación acabará cambiando, o si no te tocará vivir la parte de «hasta que la muerte nos separe». Ninguna relación física dura para siempre, nadie se va de este mundo con vida.

Cuando ves que solo es el cuerpo aquello que muere, en lugar de temer a la muerte esta se convierte en tu amiga, ya que te enseña a vivir plenamente con todo tu ser. Lo mismo ocurre con los cambios. Cuando entiendes que todo cambia, la naturaleza temporal de las relaciones te permite aprender a amar sin límite y a no aferrarte al objeto de tu amor.

Lo cierto es que la muerte o los cambios no son los que pueden arrebatarte el amor delicioso y divino que sientes por otro ser, sino tú. Tú eres la única que puede hacerlo. Y desaparece cada vez que le juzgas, le pones condiciones o le guardas rencor. Por eso en el camino de la Diosa Guerrera pasamos tanto tiempo aprendiendo a sortear las trampas que nos impiden vivir el amor.

El amor se vuelve eterno cuando recuerdas que es TU amor, que tú eres la que amas. El receptor de tu amor tal vez esté avivando ese torrente de néctar amoroso que mana a borbotones de tu corazón, pero tú eres la fuente. Tanto si el objeto de tu amor respira como si no, tanto si está contigo como si está con otra pareja, cuando no te aferras a él manifiestas tu propia naturaleza: amar plenamente sin miedo a la pérdida o al abandono. Es una de las lecciones más difíciles del camino de la Diosa Guerrera, y recorrerlo exige mucho valor. Sé buena contigo misma mientras piensas en ello.

Cómo celebrar la muerte

La cultura mexicana mantiene una relación extraordinaria con la vida y la muerte. A la menor ocasión organiza fiestas magníficas con mariachis desafinando, enfundados en pantalones estrechos y chaquetas adornadas con diamantes de imitación, recibiendo a los extranjeros como si fueran de la familia y riéndose a mandíbula batiente. Todo el mundo está listo para sumarse a un festejo. (Cuando mi amiga Emily y su marido mexicano le comunicaron a su familia que iban a casarse al cabo de dos días, los familiares se pusieron manos a la obra y prepararon una boda por todo lo alto, con una banda de música, mucha comida deliciosa y un centenar de invitados. Lo organizaron todo en un santiamén.)

Además de encantarles celebrar la vida a tope, la relación de los mexicanos con el Ángel de la Muerte es conocida en el mundo entero. A finales de octubre, la mayor parte de los mexicanos posa sus ojos y su corazón en la Querida Muerte. Esta celebración fue al principio una celebración azteca en honor de Mictecacihuatl, la diosa de la muerte. Con la conquista de México por los españoles, la celebración se hizo coincidir con el día de Todos los Santos.

En el Día de los Muertos, los participantes crean elaborados altares dedicados a los difuntos, visitan el cementerio y comen la comida preferida de los seres queridos fallecidos. A veces celebran procesiones con fotografías de sus queridos difuntos. Por todas partes se ven imágenes de esqueletos realizando actividades cotidianas: un esqueleto humano sacando a pasear al esqueleto de su perro, esqueletos de recién casados, un esqueleto tomando cerveza. Nos recuerda de maravilla que en realidad ya estamos muertos, porque nadie abandona este mundo con vida.

Esta tradición también desdibuja la clara y rápida frontera que a veces creamos entre los vivos y los muertos. La verdad es que en este mundo no todo es blanco o negro. En cuanto nacemos, empezamos a morir. Si cerramos los ojos a esta verdad, acabaremos aferrados al pasado y temiendo el futuro.

Algunas de mis palabras preferidas sobre la muerte las pronunció Steve Jobs en el célebre discurso que dio en la Universidad de Stanford después de someterse a una intervención quirúrgica para extirparle el cáncer pancreático:

> Nadie quiere morir. Ni siquiera los que quieren ir al cielo desean morir para alcanzarlo. Y, sin embargo, la muerte es el destino que todos compartimos. Nadie se ha librado nunca de ella. Y así es como debe ser, porque la muerte es probablemente la mejor invención de la vida. Es el agente de cambio de la vida. Retira lo viejo para dar paso a lo nuevo. En este momento lo nuevo sois vosotros, pero algún día no muy lejano os convertiréis gradualmente en lo viejo y os quitarán de en medio.

De modo que, querida mía, no hace falta que te guste la muerte (o los finales), pero te invito a enamorarte de ella. A decirle «¡Sí!». Aceptar y acoger la muerte no significa que te vaya a llegar antes o que seas masoquista, sino que eres sincera con lo que significa estar viva.

Acepta que todo cuanto nace acaba desapareciendo. No evites esta verdad, ni huyas de ella o intentes ignorarla. Ten presente al Ángel de la Muerte para no desaprovechar la vida siendo alguien que no eres. Aprovecha el conocimiento de tu propia mortalidad para seguir los dictados de tu corazón, ser valiente y convertirte en la mujer que estás destinada a ser.

Cuando decimos Sí a la compañía bendita, agridulce y misteriosa del Ángel de la Vida y del Ángel de la Muerte les estamos sosteniendo las manos a ambos, avanzamos hombro a hombro con el nacimiento y la muerte, el día y la noche, los comienzos y los finales, aceptando a estas parejas por igual. Mira dentro de ti y contémplate con los ojos compasivos del Ángel de la Muerte para que te ayude a desprenderte de lo que no es tuyo. Dile «¡Sí!» al río de la vida pasajero y exquisito que, dándote una lección de humildad, te despoja con cariño de todo, dejándote reducida a la libertad de tus huesos sagrados.

«¡Sí!»: recursos para la muerte

Dones

- Hacerte amiga de la muerte te permite vivir con más plenitud la vida.
- Cuando te abres a la pena y aceptas los cantos afilados de la muerte, honras tu humanidad y los regalos que te ofrecen los seres queridos.
- Aprende a celebrar la muerte y deja que el agradecimiento que sientes por tus antepasados y tus queridos difuntos aumente tu capacidad para amar profundamente.

Exploraciones

REFLEXIÓN SOBRE LA MUERTE

Busca un lugar tranquilo donde puedas imaginarte que la muerte se lleva a un ser amado. Siéntate cómodamente y respira desde el corazón.

Afronta esta práctica con curiosidad y valentía. Mantente receptiva a cualesquiera emoción, pensamiento y antiguas creencias. Recuerda que este ejercicio te ayudará a eliminar todo aquello que te impida amar sin miedo.

Imagínate que un ser querido ha muerto. Con una actitud de espectadora, deja que afloren las emociones y los pensamientos que te provoca. Observa atentamente toda la información que la situación te ofrece.

Para que sea más real, imagínate la causa de la muerte y el momento en que te comunican la noticia. Imagínate los días y las noches sin este ser querido. Visualízalo con la mayor viveza posible. (Pero sin traumatizarte. Tómatelo con calma, sobre todo las emociones fuertes que anulan tu capacidad para observar la situación.) En este estado de reflexión profunda, hazte ahora las siguientes preguntas:

- ¿Siento que esta persona no me llena en algún aspecto?
- ¿Me arrepiento de algo?
- ¿Qué pensamientos o creencias hay detrás de mis emociones?

Al hacer este ejercicio, imaginándome la muerte de seres queridos y amigos, he descubierto que a veces me siento llena y anegada de amor por tener esas personas tan valiosas en mi vida. En otras ocasiones, pienso que no puedo vivir sin ellas. O siento una pena inmensa o descubro algo que quiero compartir con los míos antes de que fallezcan. Todo esto es bueno y me está indicando dónde necesito limpiar mi mundo interior y resolver cualquier asunto pendiente lo mejor posible.

Desprenderte con regularidad en tu mente de tus seres queridos te ayuda a:

- No tener miedo ni lamentar nada.
- Usar el regalo de la impermanencia para que te motive a amar más y no como una excusa para amar menos.
- No caer en la autocomplacencia ni dar por hecho que una persona vaya a estar siempre contigo.
- Fortalecer tus relaciones.
- Sentirte segura y a salvo en tu interior.
- Basarte en lo eterno.

CREA UN ALTAR DEDICADO A TUS QUERIDOS DIFUNTOS

Encima del archivador de madera equipado con cuatro cajones que hay en mi despacho tengo un altar con una fotografía de mi padre sosteniéndome en brazos cuando yo era bebé, otra foto suya sacada un año antes de morir y su obituario. Están acompañadas de fotografías de dos estudiantes míos, David Ray y Zaneta Matkowska, fallecidos algunos años atrás. Al mirar las fotografías de David y Zaneta, me doy cuenta de que ambos están sentados sobre unos pedruscos imponentes sonriendo de oreja a oreja. No se conocían, pero las imágenes reflejan su patente amor por la naturaleza y la vida.

En mi altar dedicado a los difuntos también hay un precioso relojito de madera que se detuvo al poco tiempo de regalárselo a mi padre unas Navidades, el rosario de cuentas marrones de mi abuelo y un hada de plástico empuñando una espada que representa una princesa guerrera en honor a Zaneta.

Tú también puedes crear un altar dedicado a cualquier persona de tu vida que haya fallecido. Decóralo con algunas fotos y objetos que te gusten. Llora la muerte del ser querido y comparte tu amor. Llora a mares y ríe a carcajadas si lo necesitas.

EL ARTE DE LAS DESPEDIDAS

En mi vida creo pequeños rituales para desprenderme del pasado y vivir el presente. Uno de ellos consiste en que, cada vez que viajo en avión, miro por la ventanilla cuando la aeronave despega del suelo y me despido de todo lo que dejo atrás. «¡Adiós, Austin!» «Adiós, México!» «¡Adiós, Nueva York!» Después, me desprendo agradecida de lo que dejo atrás: mi casa, mis amigos, la ciudad que amo. Sé que este ritual me ayuda a viajar con la desenvoltura con la que lo hago.

Cuando algo desaparece de mi vida, desde una relación hasta un concepto sobre mi o mi chal preferido, agito literalmente la mano diciendo: «¡Adiós! ¡Te quiero!» Mis amigas íntimas lo saben y a veces, cuando la vida da un giro inesperado ante nosotras, decimos al mismo tiempo «¡Adiós»! Y luego nos echamos a reír, o nos agarramos de la mano, sintiendo la pérdida.

Intenta decir «Adiós, te quiero» a todo aquello que desaparece, se estropea o muere en tu vida. Cuando te mudes a otro lugar, despídete de tu antigua casa y comparte tu agradecimiento. En el cumpleaños de tu hija o en el tuyo, despídete de la edad que dejáis atrás. «¡Adiós y gracias por sus trece años!» «¡Adiós, cuarenta y nueve años, gracias por todo!»

Dile «adiós» al sol cuando las nubes lo tapan, a las flores marchitándose y secándose, a cada día que dejas atrás antes de acostarte. Esta práctica te ayudará a afrontar con el corazón más abierto las grandes despedidas.

Epílogo
La vuelta a casa
y el regreso al hogar

Las mujeres siempre están al frente de las revoluciones.

Buthayna Kamel

Como mujer, mi país es el mundo entero.

Virginia Woolf

¡Sabiduría, autenticidad, «Sí»!

Estos son los tesoros del camino de la Diosa Guerrera. Esta es la senda de dejar que la sabiduría, la autenticidad y los «¡Síes!» iluminen nuestros pasos mientras aceptamos nuestros miedos, nuestras rarezas, nuestra belleza interior y nuestra, a veces, loca mente. Este camino te lleva a un solo destino: a ti. Ha llegado el momento de volver a tu hogar interior, de apreciar y celebrar tu ser en toda su amplitud y profundidad: las Diosas Guerreras tontorronas, serias, visionarias, prácticas, absurdas y realistas que somos.

Mientras regresamos a nuestro hogar interior, también estamos participando en una vuelta a la casa planetaria, en un regreso colectivo a la divinidad femenina. Todas estamos participando en una revolución interior *y* en un cambio de paradigma exterior que tiene mucho que ver con ella. Estamos *regresando a nuestro hogar* interior y experimentando, simultáneamente, un *regreso* a la divinidad femenina.

Para nuestros antepasados, el hogar era la Tierra y la Diosa a la vez, la Madre Tierra que nos alimentaba a todos. Nos hablaba a través del viento y de las montañas. Y los humanos, los animales y las plantas eran sus criaturas. Imagínate a una madre que te ama con locura y sin condiciones. Una madre que te abraza cuando estás asustada y te tranquiliza con palabras y caricias. Una madre que te dice, mirándote a los ojos: «Tú puedes hacerlo» cuando dudas de si intentar probar algo nuevo. Una madre que siempre está ahí cuando la necesitas, y que te anima a explorar el mundo y a levantarte del suelo para aprender de la experiencia. Una madre que refleja tu sabiduría, te apoya en tu autenticidad y quiere que vivas tu vida con un «¡Sí!» extasiado. Esta madre representa el espíritu de la divinidad femenina y se la conoce por muchos nombres: Diosa, Madre Tierra, Madre Divina, María, Kuan Yin, Kali y muchos, muchísimos otros más.

Mientras regresamos al hogar de nuestro propio corazón, también es hora de volver al amor y al apoyo incondicionales de la Madre Divina. Esta vuelta a casa y este regreso al hogar no son distintos ni consecutivos, son la inhalación y la exhalación de nuestro viaje vital como individuos y como humanidad. A cada inhalación, volvemos al hogar de nuestro ser y a la Diosa Guerrera de nuestro interior. A cada exhalación, nos conectamos con la Madre Divina —regresamos al hogar con nuestra familia, los amigos, los pájaros, las rosas y las piedras— y respiramos las manifestaciones del amor que nos ofrece. Me gustaría compartir contigo la experiencia que viví hace poco de esta vuelta a casa sagrada.

Un peregrinaje al corazón

Para terminar de escribir *El camino de la Diosa Guerrera* estuve tres semanas en México haciendo un retiro, rodeada de una cultura que ama con fervor a la Madre. Me alojé en la casa de mis amigos Emily y Victor, llena de cuadros y estatuas que honran a la divinidad femenina; la mayoría representaban a Nuestra Señora de Guadalupe. Conocida también como la Virgen de Guadalupe, esta manifestación de la Madre Divina se le apareció al pastorcillo Juan Diego en 1531 y le encomendó que le transmitiera un mensaje al obispo: constrúyeme una ermita. Le costó un poco convencerle, pero cuando la imagen de Nuestra Señora apareció milagrosamente en el ayate de Juan Diego, el obispo se arrodilló lleno de devoción, y al cabo de poco se inició la construcción de la ermita.

En su libro *The Aztec Virgin*, John Mini escribe que el nombre verdadero de Nuestra Señora de Guadalupe es en realidad Tecuauhtlacuepeuh, que en náhuatl significa «La que llega volando de la región de la luz como un águila flamígera», (y que más tarde se malinterpretó). Ese nombre sí que a mí me suena como el de una auténtica Diosa Guerrera. Representa a Coatlicue, o Tonántzin, la antigua Diosa de México.

En aquella época sentí el imperioso deseo de ir a Teotihuacán a hacer un retiro y, aunque no acabara de entender por qué, escuché mi corazón y lo hice. Mi mente intentó justificarlo con un buen puñado de razones lógicas: terminar el libro, practicar el español, disfrutar de las vacaciones, etcétera. Pero de pronto vi un anuncio que me hizo reír a mandíbula batiente. Descubrí por qué había sentido el irreprimible deseo de ir a México: era la propia Madre Divina la que me había llamado. En una especie de póster de fondo amarillo, aparecía escrita a mano con un rotulador en grandes letras negras una invitación animando a cualquier persona de la ciudad a unirse al peregrinaje a la Basílica de Nuestra Señora de Guadalupe, en Ciudad de México. El 11 de diciembre es el día en que millones de peregrinos llegan de todas partes del país.

La Madre volvía a llamarme a casa.

Mientras estaba escribiendo *El camino de la Diosa Guerrera*, recorrí a pie los setenta y pico kilómetros que hay de las pirámides de Teotihuacán hasta la colina de Tepeyac, en Ciudad de México, y llegué justo antes de medianoche; cada paso era una vuelta a casa en la que os llevaba también a cada una de vosotras, paso a paso.

Como puedes ver, dediqué este peregrinaje a nuestra vuelta colectiva al hogar de la Madre Divina. Lo hice llevando conmigo doscientas oraciones que me enviaron las Diosas Guerreras de todas partes del mundo: «Reza por mi familia. Reza por mis hijos. Reza por Corea del Norte. Reza por los sudafricanos. Reza por la humanidad». Repetí estas bendiciones una y otra vez. Canté a la Diosa bajo sus numerosas formas: Isis, Astarté, Diana, Hécate, Deméter, Kali. Sosteniendo mi rosario, recité: «Om Shanti». Le estuve ofreciendo estas oraciones una y otra vez durante las diez horas que me llevó ir a pie de las pirámides a la basílica.

Las tres primeras horas caminé con un grupo de peregrinos por las vías del tren que llevan a Ciudad de México. Después, fuimos algunas veces por los senderos polvorientos que discurren junto a las vías, y otras, por las carreteras que conducen a pequeñas ciudades o incluso por las sendas pedregosas que serpentean entre las inacabables vías férreas cuando no quedaba más remedio. Un hacendado montado a caballo nos deseó suerte a gritos. Los pastores asentían con la cabeza al vernos pasar. Caminamos por campos sin cultivar, entre nopales y maleza. En ocasiones, los lugareños nos acompañaban un corto trecho mientras se dirigían a la escuela o a la tienda de comestibles.

Y luego giramos a la izquierda y nos encaminamos a la ciudad. En cuanto llegamos a los confines de Ciudad de México, después de formar parte durante cerca de tres horas de un grupo, nos mezclamos con la gente y dejamos atrás otro grupo de peregrinos cubiertos con camisetas de color verde fosforescente con la imagen estampada de la Virgen de Guadalupe. Mientras los dos grupos se mezclaban, tuve en ese instante la visión de millones de personas de todas partes de México caminando hacia el corazón de la Madre. Éramos células individuales regresando a casa para ser revitalizadas, oxigenadas, amadas y enviadas, al final, de vuelta a nuestros hogares. Las diminutas prolongaciones se fundieron en otras más grandes a medida que nos acercábamos. La distancia que nos separaba de la basílica de Nuestra Señora de Guadalupe se fue acortando hasta que nuestro grupo fue engullido por cientos de otros peregrinos, y luego, por millares.

También me conmovió la desconcertante cantidad de personas plantadas como piedras en medio del torrente de peregrinos para apoyarnos en nuestro viaje. Nos dieron botellines de agua, tamales humeantes, zumo de frutas, bocadillos de jamón dulce y queso, naranjas, café y montones de caramelos. Era un servicio mutuo en acción: nos dirigíamos a pie a la Virgen de Guadalupe no solo por nosotros mismos, sino por todo el mundo, y a lo largo del camino la gente nos bendecía y apoyaba.

Al anochecer, cuando el ritmo de nuestros pasos se redujo debido a la cantidad enorme de peregrinos, sentí que mi corazón conectaba con Tepeyac, el cerro donde la Virgen de Guadalupe se le apareció a Juan Diego. Noté el espíritu de la colina en lo más hondo de mi ser y el corazón se me llenó de un silencio y de una paz inmensos. Pese a estar rodeada del bullicio de Ciudad de México, la dulzura oscura y silenciosa de Tepeyac en mi interior era como si me encontrara en otra galaxia.

Mientras subía los últimos escalones de la basílica, las oraciones que había estado recitando en mi peregrinaje se simplificaron en una ofrenda de agradecimiento: «Gracias a mi madre. Gracias a mi madre. Gracias a mi madre». Plantada ante la nave principal, supe que había llegado el momento de separarme del grupo con el que había viajado y de dejarme arrastrar por la energía que sentía. Sumergiéndome en lo desconocido, dejé de identificarme con mi pequeña tribu y me fundí con la humanidad. Me sentí desconectada, libre, vacía. Me dejé llevar por el mar de gente, de espíritu y de movimiento.

Me descubrí delante de un grupo de sufís, la rama mística del islamismo conocida cariñosamente como los derviches giratorios, dada su propensión a bailar en éxtasis. Aunque hubiera gente que se preguntara qué hacían unos musulmanes en una ceremonia cristiana, con sus gorros cónicos de fieltro y sus amplios ropajes blancos de algodón, a mí me pareció que encajaban a la perfección. Me acerqué poco a poco a los derviches danzantes hasta encontrarme en el círculo exterior de éxtasis espiritual. Música, movimiento, oraciones, cánticos entonados sin cesar. Me fundí con este grupo mientras recitaban oraciones girando sobre sí mismos y las lanzaban al cielo. Yo también lancé las que había estado llevando conmigo en medio de ese torbellino de amor.

Tras ofrecer mis oraciones a la Madre Divina en manos de esos sufís supe que mi peregrinaje se había completado. Me uní de nuevo sin dudarlo a mi grupo, me despedí y regresé sola a mi hotel en Calzada de Guadalupe. Fue increíble: aunque caminaba sola por Ciudad de México a medianoche, rodeada de gente, me sentía totalmente segura, entre los brazos protectores de la Madre.

A la mañana siguiente, volví a cruzar el paseo que llevaba a la basílica para gozar de la mezcolanza de gente, culturas y oraciones. Unos cincuenta grupos de mexicanos de diversas etnias, esparcidos por la enorme plaza principal, quemaban copal y rezaban a las cuatro direcciones, a los dioses antiguos y a la Virgen de Guadalupe. Tocaban tambores y bailaban con tocados de plumas de vivos colores, con el torso desnudo. En la basílica se celebraba una misa, cantada por un imponente coro ataviado con túnicas rojiblancas impecables que interpretaba las piezas con gran solemnidad.

Todo el mundo llevaba estatuillas e imágenes de Nuestra Señora de Guadalupe. Tres millones de feligreses fueron a la basílica aquel día para ser bendecidos por la Virgen, y siete millones más la visitaron a lo largo de la semana. La gente reía, lloraba y rezaba sin reparo alguno a la Divina Madre. La basílica era una mezcla creativa del Día de los Muertos, y Disneylandia y de una ceremonia cristiana y un rito pagano de luna llena, todo a la vez. Un revoltijo magnífico repleto de amor y toda una lección de humildad. Tras reflexionar sobre el *collage* de belleza desplegado ante mí, subí a mi ermita preferida en las inmediaciones de la cima de Tepeyac y, tras sentarme en el suelo, dejé que el torrente inmenso de amor que sentía me manara por los poros y te llegara también a ti.

Este peregrinaje fue otro ejemplo de lo que sé que es cierto: la vuelta a casa está ocurriendo ahora, al igual que el regreso al hogar que todas estamos experimentando en nuestro interior. El universo es un lugar acogedor. Millones de personas estamos dispuestas a elegir el amor por encima del odio, la libertad en lugar del miedo. Cuando nos unimos, tenemos el poder de abandonar la antigua forma de ser que nos ha estado enturbiando la visión durante tanto tiempo.

Imagínate que todos los antepasados te animan, pidiéndote que te liberes de tus miedos y hagas tuya la antigua sabiduría de la conexión. Siéntete rodeada de una comunidad planetaria de guerreras de la autenticidad y de diosas de la conciencia plena. Visualiza que los niños que aún no han nacido y los hijos de sus hijos te están diciendo: «¡Sí! Acepta tu fortaleza. ¡Sí! Reclama tus dones. ¡Sí! Sé consciente de tu singularidad».

Eres los antepasados y los niños que aún no han nacido, los vivos rebosantes de vitalidad y los queridos difuntos, la joven en la flor de la vida y la anciana decrépita. Y tu destino te está esperando, con los brazos abiertos, tendiéndote la mano. Cierra los ojos, tómasela y confía en él».

La Gran Madre te está aguardando y tú eres ella al mismo tiempo. ¡Dejemos atrás la ilusión de separación! Recuerda que todos somos células en el cuerpo de la Gran Madre deseando fundirnos en su corazón y volver de nuevo a nuestra vida, para convertirnos en su corazón encarnado en un cuerpo humano. Esta es mi oración por ti y por todos los seres.

Y no olvides que todas somos un solo espíritu mientras recorremos el camino de la Diosa Guerrera.

Agradecimientos

Además de las personas citadas en los agradecimientos de *Tu Diosa Guerrera interior* (¡gracias, gracias, gracias una y otra vez!), también quiero expresar mi más profundo agradecimiento a las siguientes personas que me alentaron e inspiraron con su inmensa amistad mientras escribía *El camino de la Diosa Guerrera:*

Kevin Braheny Fortune: mil gracias por las hamacas, tu increíble honestidad y las vidas de curación. Te quiero mucho.

Emily Grieves, tu solidaridad y apoyo y el amor que compartimos por la Madre me llenan el corazón de dicha.

Matthew Stillman, me inclino ante ti por ser un puente y un catalizador del progreso en mi vida, y por tus superpoderes bibliográficos y las preguntas sin respuesta.

Makenna Johnston, me encanta estrechar nuestra amistad y disfrutar de tu revitalizante sonrisa, chispa y arrojo.

Perdita Finn y Clark Strand, gracias por vuestra amistad, vuestros escritos y vuestro gran corazón, y también por ocuparos del jardín del Way of the Rose, que constituye un bálsamo para el alma. Me siento muy afortunada por ser una de las numerosas rosas que con tanta generosidad cuidáis.

Y, por último, doy las gracias a la tribu de Diosas Guerreras que no deja de crecer, a las instructoras y a las maestras, seguid siendo unas Diosas Guerreras tan formidables. Gracias por todo lo que habéis hecho y por lo que haréis en el futuro.

Recursos

Para obtener más información sobre clubs de lectura y de instructoras, visita la página web de la Diosa Guerrera en www.warriorgoddess.com.

En la página de inicio de mi web, busca el enlace del libro *Warrior Goddess Way* e introduce la contraseña «WGTBR» para acceder al material adicional.

Di que te gusta la cuenta de Facebook de la Diosa Guerrera y recibirás inspiración diaria en: www.facebook.com/warriorgoddesswomen. Y únete a la tribu de la Diosa Guerrera en www.facebook.com/warriorgoddesstribe.

Forma parte de mi círculo mundial de la Diosa Guerrera interior a través de Internet, o asistiendo a los talleres del Warrior Goddess Weekend o a las jornadas de poder. Para más información, visita:

www.heatherashamara.com

ECOSISTEMA DIGITAL

NUESTRO PUNTO DE ENCUENTRO

www.edicionesurano.com

2 AMABOOK
Disfruta de tu rincón de lectura
y accede a todas nuestras **novedades**
en modo compra.
www.amabook.com

3 SUSCRIBOOKS
El límite lo pones tú,
lectura sin freno,
en modo suscripción.
www.suscribooks.com

DISFRUTA DE 1 MES
DE LECTURA GRATIS

1 REDES SOCIALES:
Amplio abanico
de redes para que
participes activamente.

4 APPS Y DESCARGAS
Apps que te
permitirán leer e
**interactuar con
otros lectores**.